세상을 내 편으로 만든 사람, 안철수

세상을
내 편으로
만든 사람,

안철수

왜 지금 '안철수'인가?

젊은 직장인들의 희망 멘토 1위, 대학생들이 가장 본받고 싶은 롤모델 1위, 2030 창의성 롤모델 1위, 우리 시대 가장 존경받는 CEO 1위, 미국 시사 주간지 〈비즈니스 위크 *Business Week*〉가 선정한 '아시아의 스타 25인', 다보스포럼이 뽑은 '차세대 아시아의 리더 한국 대표 18인', 한국윤리경영대상 투명경영 부문 대상…… 눈치 빠른 독자들은 이 정도만 말해도 누구를 말하고 있는지 벌써 알아차렸을 것이다. 안철수연구소의 설립자이자 지금은 서울대 융합과학기술대학원 교수로 있는 안철수에게 따르는 수식어들이다.

내가 안철수에게 관심을 갖기 시작한 것은 그가 공중파 방송의 한 예능 프로그램에 출연한 것이 계기가 되었는데, 정확하게는 그 프로그램에 출연한 안철수 개인이라기보다는 프로그램 방영 후 그에게 쏟아진 뜨거운 관심의 정체가 무엇인가 하는 것이었다. 대한민국 최연소 의대 학과장, 대한민국 최초로 컴퓨터 백신 프로그램 개발, 대한민국 소프트웨어 업체 최초로 순이익 100억 원 돌파 달성…… 그를 수식하는 단어에는 유독 최고나 최초가 많다. 하지만 이미 많은 사람들에게 알려질 대로 알려진 그의 개인사가 예능 프로그램의 친숙한 포맷에 얹혀 재전달되었을 뿐 그 프로그램의 내용이 특별히 새로울 것은 없었다. 나는 궁금했다. 우리를 열광하게 만드는 어떤 것, 우리는 대체 안철수에게 왜, 그의 무엇에 열광하는지 알아내고 싶었다. 그것이 이 무모한 책의 첫 걸음이다.

책의 출간이 예정보다 늦어진 것은 거북이보다도 느린 내 작업 속도 때문이기도 하지만, 그보다는 원고가 거의 끝나갈 무렵 몰아닥친, 이른바 '안풍' 때문이었다. 2011년 서울시장 재보궐선거가 그의 등장으로 드라마틱한 판세가 연출되고, 마침내 박원순 후보의 당선으로 극적으로 마무리되자 이 책의 많은 부분이 이 예측하지 못했던 상황 때문에 수정되어야 했다.

책의 첫 장에서는 오늘날 우리가 놓여 있는 삶의 조건, 그리고 이를 타개하기 위해 해나가야 할 일과 필요한 인재상을 안철수의 시각을 통해 정리해보았다. 두 번째 장에서는 안철수가 중시하는 가치, 그러니까 그의 이상이 담겨 있는 동시에 그가 현실의 비즈니스와 교육 현장에서 몸으로 부딪치며 실천해온 덕목이 무엇인지 살폈다. 세 번째 장에서는 이제 거의 모르는 사람들이 없다시피한, 그러나 오늘의 안철수를 있게 한 그의 과거로부터의 행로를 잰걸음으로 따라가보았다. 안철수라는 하나의 조각상을 장마다 다른 각도에서 들여다보았기에 장의 내용에 어쩔 수 없이 겹치는 부분도 생겼다.

그리고 책의 마지막 부분에서는 내가 처음 가졌던 의문, 우리가 왜 '안철수'에게 열광하는지, 그를 닮고 싶은 성공한 롤모델에서 한 걸음 더 나아가 이 시대 청춘들의 멘토로, 이상적인 리더로 불러낸 사회 분위기의 변화와 대중의 열망이 서울시장 선거를 통해 어떻게 극적으로 표출되었는지 짚었다. 안철수의 우직한 발자취를 뒤따르는 이 책 전체를 놓고 보면 사족으로 보일 수도 있겠지만, 그의 인생에서 가장 뜨거운 며칠이 되었을 그 시간들이 갖는 의의를 빠트릴 수 없었다. 책 속 별책부록 정도로 읽고 지나가길 권한다.

어떻게 보면 이 책은 내가 썼다기보다 안철수라는 호랑이 위에 올라타고 달린 꼴이지만 안철수의 입을 통해 말하기에는 한계가 있을, 그의 존재와 우리의 현재 열망이 어떤 관련성이 있는지 객관적으로 조명해보았다는 점에서 아주 의의가 없지도 않을 터다. 모쪼록 독자들도 이 책에서 안철수라는 사람에 대한 정보를 얻어간다기보다는, 이 책을 통해 우리가 사회에 나아가 무엇을 하고자 하는지, 또 그것을 위해 어떠한 사회적 조건이 갖춰져야 하는지 생각해볼 계기를 만들 수 있다면 좋겠다.

두 번째 책이지만, 사실상 혼자서 쓰는 첫 책이라 더욱 힘들었다. 첫 번째 책이 공저자와 의견 조율을 하며 걸음을 떼어나가는 게 쉽지 않았다면, 이 책은 어두운 동굴에서 더듬더듬 벽을 짚어가며 앞으로 나아가는, 무섭고 외로운 작업이었다. 무엇보다 무명의 필자를 믿고 원고가 끝날 때까지 인내해주신 출판사에 깊이 감사드린다.

2012년 1월

윤단우

차 례

모두의 한 걸음이 세상을 바꾼다

한국에서 가장 공부를 잘한다는 학생들은 최근 남녀를 가리지 않고 의대에 진학하려는 경향을 보인다. 똑똑한 인재들이 공대에 가지 않고 모두 의대에 진학하는 바람에 충분한 인력을 배출하지 못하고 있다는 걱정이 대학과 기업에서 나올 지경이다. 그런데 그렇게 안정적이며 미래가 보장된 직업으로 간주되는 의사들의 생각은 어떨까.

의사들을 대상으로 한 조사에 따르면 현재 20%가 넘는 의사들이 재정적인 어려움을 겪고 있으며, 77%의 의사들은 직업이 자기의 적성과 맞지 않는다고 답했다. 또한 의사들의 직업에 대한 만족도는 매우 낮은 편이다. 이런 점을 본다면 의사를 그만두고 다른 분야에 뛰어든 안철수가 이해하지 못할 행동을 했다고 보기는 어려울 듯하다. 다른 의사들이 선뜻 용기를 내지 못하고 있을 때 선도적으로 변화를 모색한 것인지도 모른다.

원하는 일을
하기 위해 필요한 것

하지만 취업을 준비하는 청년 세대가 원하는 직업을 선택하기에는 그 선택의 폭이 넓지 않은 것이 현실이다. 현재와 같은 상황에서 청년들에게 '하고 싶은 일' 혹은 '해야 하는 일'을 위해 안정된 자리를 박차고 나오는 제2의 안철수를 기대하는 것은 거의 불가능해 보인다.

"대기업과 중소기업 간의 대우 격차가 지금과 같이 과도하고 비정상적으로 심하지 않은 상태라면 모두들 자기가 원하는 직업을 택할 수가 있을 것이다. 그렇게 된다면 사람들은 행복해질 수 있을 것이다."

안철수도 지적한 바와 같이, 대기업과 중소기업 간의 임금 격차는 매우 심하며 그 차이 또한 갈수록 벌어지고 있다.

노동부 자료에 따르면 1986년 대기업과 중소기업 종업원의 임금 격차는 명목임금 기준으로 9% 차이에 불과했으나, 이후 임금 격차는 꾸준히 벌어져 2005년에는 49%까지 증가했다. 1980년대 말 대기업 중심의 노동조합 활동과 급속한 기술 진보를 통한 노동생산성 증가가 임금 상승을 주도하면서 기업 규모 간 임금 격차가 급격히 벌어졌다. 2000년대 들어 급속히 진행된 양극화는 대기업과 중소기업 간의 임금 불균등을 심화시켰다.

게다가 종업원 수가 10인 미만 기업체에 고용된 임금노동자의 평균 근속연수가 3.5년인 데 비해 1,000인 이상인 기업체에서는 평균 근속연수가 8.9년으로 나타나(2006년 기준, 한국노동연구원) 기업체의 규모와 근속연수에는 일정한 상관관계가 있음을 보여주고 있다. 이는 상대적으로 대기업이 정규직 위주의 고용형태를 보장하고 노동조합의 활동을 인정하는 등 직장생활의 안정성이 뛰어나기 때문으로 해석할 수 있다.

또한 중소기업에서 큰 비중을 차지하는 분야가 도소매업이나 숙박 및 음식점업 등인 반면 대기업은 다른 산업에 비해 임금수준이 높은 제조업과 금융·보험·임대업 등의 비중이 높아 상이한 산업 분포 또한 대기업과 중소기업의 임금 격차의 한 원인이 됨을 짐작할 수 있다. 이처럼 개인의 성과에 따른 것이 아닌 개인이 속한 기업체의 규모와 산업 분야에 따라 임금이 결정되는 것은 노동자의 생산성을 초과하는 고임금이나 생산성에 미치지 못하는 저임금 모두 노동시장의 효율성을 저하시키는 원인으로 작용할 수 있다.

대기업과 중소기업 간의 임금과 직업 안정성의 격차가 이처럼 점점 벌어지고 있다 보니 취업을 고민하는 젊은 층의 선택도 자연히 제한될 수밖에 없다. 자신의 적성이 어디에 있는지, 어떤 일을 하고 싶은지, 그런 기준을 적용하기보다는 연봉이 높은 대기업이나 안정성이 보장되는 공무원 시험에 매달리는 진풍경이 연출되는 것도 당연하다.

그러나 공무원 시험은 '고시'가 된 지 오래고, 대기업의 좁은 문은 더욱 좁아지고 있다. 안철수는 '고용 없는 성장'이 된 대기업의 일자리 창출이 소양 있는 인재를 뽑아 기업에 맞는 인재로 길러내는 것이 아니라 중소기업 경력직을 스카웃함으로써 인력의 역조 현상을 보이고 있다고 지적했다. 대기업에서 쌓은 경험으로 창업을 하거나 중소기업으로 옮겨 기업 경쟁력에 보탬이 되는 선순환 구조가 아니라 중소기업에서 어렵사리 길러놓은 인재들을 빼앗아가는 약탈 구조가 된 것이다. 대기업의 일자리 창출이 제로섬이 된 이유다.

안철수가 제시한 일자리 창출의 대안인 중소기업과 벤처기업은 그러나 우리나라에서는 여전히 매우 허약한 토대 위에 서 있다. 안철수는 우리나라 청년들이 실리콘밸리처럼 약관의 나이에 중소·벤처기업에 뛰어들 수 없는 이유를 세 가지로 꼽았다.

첫 번째로는 중소·벤처기업의 성공확률이 너무도 낮다는 점이다. 우선은 중소기업이나 벤처기업의 창업자들의 경영 능력이 미숙하다는 점, 그리고 구조적인 측면에서 바라볼 때 창업한 기업이 저 혼자 알아서 살아남을 수 있는 것이 아님에도 우리나라는 이미 기반이 확고하게 갖춰진 대기업을 지지하는 기반이 튼실한 반면 새로 창업한 기업이나 규모가 작은 회사가 잘될 수 있도록 힘을 덜어주는 기반 자체가 되어 있지 않다는 점이다. 그래서 애초에 대기업과 비교해 기업을 운영하는 역량 면에서 큰 차이가 있는 중소·벤처기업이 기업 본연의 업무 외에도 인력 수급, 투자자 유치, 유관업체와의 제휴 등의 다른 문제까지 신경 써야 하는 부담에 짓눌리게 된다.

두 번째로는 한번 창업을 했다가 실패를 했을 때 재기할 기회가 주어지지 않는, '실패를 용인하지 않는' 문화다. 안철수는 실리콘밸리를 '실패의 요람'으로 규정하면서 실리콘밸리의 성공 공식을 '성

공한 사람들을 더 크게 성공하게 만드는 토양이 아니라 실패한 사
람들을 그후에 어떻게 사후처리하고 실패를 어떻게 사회적인 자산
화해서 우리 모두의 것으로 만드는가'로 보았다. 즉 한번 실패한 사
람들이 전에 했던 실패를 다시 반복하지 않으면서 실수와 실패가
사회자산이 되고, 이것이 점차 성공확률을 높여 100번째의 커다란
성공이 이전에 했던 99번의 실패를 만회할 수 있게 해준다는 것이
다. 하지만 우리나라는 대표자 연대보증과 같은 이유로 회사가 망
하면 회사 빚이 100% 대표 개인의 빚으로 돌아와 경제적인 회생이
불가능한 파국에 이르는 경우가 흔하다.

세 번째로는 보상이 작다는 점이다. 중소·벤처기업에서 고생하
며 거둬들이는 보상이 대기업에 다니며 월급받는 것보다 못하다면
누구도 그 길을 택하려 들지 않을 것이다.

창업한 기업을 성공시켜 보상을 얻는 방법에는 크게 두 가지가
있다. 대기업에 M&A가 되거나 주식시장에 상장하는 것이다. 그러
나 우리나라에서는 투기세력에 의한 기업사냥이나 국내기업에 대
한 외국자본의 경영권 위협 사례 등으로 M&A에 대해 부정적인 인
식이 퍼져 있다. 안철수의 맥아피사 인수 제의 거절이나, 뽀로로가
디즈니사의 1조 원 인수 제의를 거절했다는 기사(실제로는 디즈니의
공식 제의가 아니라 에이전트의 입질에 불과했지만)에 대해 애국주의

적 견지에서 찬사가 쏟아진 것이 대표적인 예다.

M&A시장이 상장시장의 10분의 1에 지나지 않을 정도로 미미하고, 상장시장은 투명한 기업일수록 변동성이 적다는 이유로 저평가되고 이른바 '불투명 프리미엄'으로 작전세력의 교란에 놀아나는 일이 비일비재하다. 이처럼 한탕주의가 판치는 바닥이 된 상장시장에 건전한 경영에 대한 의욕을 품은 청년들이 뛰어들 리 만무하다.

안철수는 이명박 정부 출범 초기에 규제만 철폐하고 감시 기능을 강화하지 않으면 대기업의 중소기업에 대한 불법적인 약탈 행위를 방조하는 결과가 나온다고 경고한 바 있다. 그는 이를 축구 경기에 빗대어 룰이 필요 이상으로 많으면 선수들이 제 기량을 발휘하지 못하므로 룰은 단순화하는 대신 심판의 감시 기능을 강화해야 한다고 풀어서 설명했다. 그러나 결과적으로는 대기업에 특혜만 주고 반칙 행위에는 눈을 감아주는 것이 되어 산업계 양극화를 심화시켰다고 따끔하게 지적한다.

파리에서 영어로 발행되는 일간지 〈인터내셔널 헤럴드 트리뷴 *International Herald Tribune, IHT* 〉지는 사회·경제적 불평등과 정부의 기득권 옹호 경향에 대한 분노가 '안철수 현상'을 불러왔다고 진단했다. 안철수가 강조한 '참여', '원칙', '상식' 등이 젊은 층의 공감을 얻은 결과라는 것이다. 안철수는 우리 사회의 기득권 과보호가 위험 수

위에 와 있다고 목소리를 높인다.

> "우리의 현재 시스템은 기득권 과보호 시스템이라 별 노력
> 을 안 해도 갖고 있는 파워로, 시장지배력으로, 일등을 유지
> 할 수 있다. 별로 노력 안 하고 이익 많이 내고 그러다가 결
> 국 실력이 뒤처져서 외국과의 경쟁에서 못 이겨 어렵게 되
> 고, 국민 세금으로 그걸 유지해주고, 이런 악순환의 사이클
> 에 들어와 있다."

안철수는 고대 로마의 예를 들며 기득권이 과보호되고 권력층
이 부패하고 양극화가 심화되고 계층 간의 이동이 단절됐을 때 예
외 없이 나라가 망했다는 섬뜩한 예측을 내놓는 것을 주저하지 않
는다. 지금부터라도 문제를 직시하고 바꿔나가려는 노력을 시작해
야 한다는 것이다.

업그레이드를 위한
5가지 제안

안철수는 한국 사회가 한 단계 업그레이드되는 데 필요한 다섯 가

지 조건을 다음과 같이 제시한다.

첫째는 다른 사람이나 자신이 속해 있지 않은 다른 집단을 존중하고 배려해야 한다는 점이다. 우리 사회는 경쟁이 극심해지면서 다른 사람들을 생각할 여유를 잃고 있다. 또한 투명성이 보장되지 않은 사회 시스템 속에서 아무도 믿지 못하고 타인을 배려하는 것은 손해 보는 일이라는 인식이 광범위하게 퍼져 있다. 그러다 보니 지역 간, 계층 간, 세대 간, 직업 간에 갈등이 빚어졌을 때 타협점을 찾지 못하고 반목과 대립을 거듭하게 된다. 이는 나 자신이나 내가 속한 집단의 이익만을 생각하는 이기주의로 발현된다.

둘째는 장기적인 시각으로 세상을 바라보는 사람을 인정해야 한다는 점이다. 유의미한 결과가 나타나기까지 오랜 시간이 걸리는 일이나 긍정적인 변화를 이끌어내기 위해 근본적인 처방이 필요한 일의 경우 근시안적인 단견을 가진 사람의 의견은 오히려 장애물로 작용할 수 있다. 그리고 세상일은 지루해하지 않고 인내심을 발휘해 기다려야 하는 일이 태반이고, 그럴 때 길고 멀리 보는 사람의 시각은 매우 결정적인 영향을 미친다.

셋째는 기초와 기본에 대한 중요성을 깨달아야 한다는 점이다. 우리는 당장 효과가 나지 않거나 눈에 보이지 않는다는 이유로 기초를 닦는 일을 소홀히 여기는 경향이 있다. 90년대 일어난 삼풍백

화점 붕괴 참사는 공사비 착복으로 인한 자재 감소와 설계 시 하중을 고려하지 않은 무리한 건축에서 비롯된 인재였다. 지난해 여름에 전국을 강타한 폭우 역시 풍수해 예방 대책 예산 삭감과 하수관거下水管渠 정비사업의 미비 등으로 피해를 키운 측면이 크다. 기초를 닦는 일에는 시간과 노력이 많이 투자되지만 기초를 무시한 피해는 이처럼 크다.

넷째는 한번 했던 실수나 실패를 반복하지 않을 수 있도록 사회 제도를 정비해야 한다는 점이다. 어떤 문제가 일어났을 때 현상만 치유해 봉합하기보다는 근본적인 원인을 파악해 이를 해결하고 제도로 정착시키는 노력이 필요하다. 컴퓨터 보안 분야에서도 1999년 CIH일명 체르노빌바이러스 대란, 2003년 SQL 오버플로 웜SQL_Overflow worm에 의한 1.25 인터넷 대란, 2009년과 올해 각각 일어난 디도스DDoS 공격 등 보안 사고가 끊이지 않고 일어나고 있다. 하지만 매번 별다른 조처 없이 지나가며 인터넷 이용자의 개인정보 유출이 거의 일상적으로 일어나는 나라가 되었다.

미국과 일본은 이미 10년 전부터 국가 전체 예산의 10%를 컴퓨터 보안에 투자하고 있고, 또 미 국방성에서 지난 2009년의 디도스 사태 이후 'Milirary Command for Cyberspace'를 창설하고 러시아와 공조를 논의하는 등 사이버 공간의 보안에 관심을 기울이고 있다.

안철수는 2003년 전 세계에서 국가 전체의 인터넷이 마비된 나라는 우리나라가 유일했음을 상기시키는 한편 우리나라가 컴퓨터 보안에 쓰는 비용은 전체 예산의 1%에 불과하다는 사실을 지적한다. 우리나라는 전 세계에서 보안 피해가 가장 큰 국가이면서도 대책은 여전히 임시방편에 머무르고 있는 것이다. 이처럼 문제에 대한 근본적인 대책이 세워지지 않은 채 비슷한 실수와 실패가 반복됨에 따라 매번 치러야 하는 사회적 비용은 결코 작은 것이 아니다.

다섯째는 사회 각계각층에서 인정받는 리더를 길러내야 한다는 점이다. 안철수는 리더가 갖춰야 할 자질을 원칙과 일관성으로 정리한다. 원칙이란 일이 순조롭게 잘 풀려나갈 때에는 지키기 쉬운 것이지만 정작 원칙이 빛나는 것은 어려운 상황, 내가 손해 보는 상황에서도 일관성을 무너뜨리지 않고 그 원칙을 따르는 순간이다. 앞장에서도 이야기한 바 있지만 안철수가 말하는 리더십은 곧 신뢰의 리더십이다. 그리고 신뢰는 나의 이익을 위해 상대방을 이용하지 않는 진심, 일관성 있게 원칙을 따르고 성실하게 약속을 지키는 모습을 보일 때 얻어진다. 더구나 요즘과 같이 미래에 대한 불확실성이 커지고 리더에 대한 불신의 골이 깊은 때에, 안철수가 말하는 신뢰의 리더십은 깊은 울림을 준다.

미래를 결정하는
A자형 인재

그렇다면 '업그레이드된 한국 사회'에는 어떤 인재가 필요할까. 안철수는 'A자형 인재'라는 답을 내놓는다. 우물을 파듯 한 가지 분야에 깊이 파고들어 전문지식을 쌓는 사람이 예전의 전문가였다면 지금은 한 가지 분야에만 능통한 것으로는 인정받지 못한다. 일본의 도요타자동차에서 만든 'T자형 인재'라는 개념은 유명하다. 이는 자신의 분야에만 정통한 것이 아니라 분야 좌우도 같이 공부를 하는 인재를 가리킨다.

애플의 아이폰을 디자인한 디자이너들은 엔지니어링 분야에 높은 지식을 가지고 있기 때문에, 다른 디자이너처럼 엔지니어들의 요구를 무조건 다 들어주지는 않는다고 한다. 엔지니어들의 요구 중에서 필요 불가결한 부분과 생략이 가능한 부분이 있음을 엔지니어링 지식을 통해서 알고 있기 때문이다. 그래서 하드웨어에서 과감한 생략을 단행하고 그 기능을 소프트웨어와 아이튠즈라는 컴퓨터 접속 프로그램으로 이전했다. 지금 전 세계가 사랑하는 아이팟과 아이폰의 디자인은 그렇게 탄생되었다.

안철수가 말한 A자형 인재는 안철수연구소가 이상적으로 여기는 인재상이지만 이는 비단 안철수연구소에게만 필요한 인재상은 아니다. A자형 인재에게는 전문성, 인성 그리고 팀워크 능력이라는 세 가지 자질이 필요한데, 그 세 가지 능력의 배치가 마치 알파벳 A 자와 비슷하다는 의미로 만든 개념이다.

안철수는 전문성을 갖추기 위해 필요한 것으로 한 분야에서 쌓은 전문지식과 경험은 물론 다른 분야의 지식과 상식을 받아들이는 포용력을 중요하게 꼽았다. 이를 위해서는 끊임없이 공부해야 하는 것은 물론 문제를 발견하면 근본적인 원인을 추궁하고 새로운 가치와 아이디어를 창출할 능력이 있어야 한다고 보았다.

또 한편 전문성과 쌍을 이루는 인성에 요구되는 마음가짐으로는 매 순간 최선을 다하는 것에서 한 걸음 더 나아가 자신의 한계를 뛰어넘으려는 도전정신과 잘못의 원인을 타인에게서 찾는 것이 아니라 자신을 한번 더 돌아보는 성찰이 필요하다고 보았다. 이것이 쌓여 더불어 살아가는 우리 사회에 기여하겠다는 사명감으로 발현된다고 본 것이다.

도요타의 T자형 인재가 한 개인이 진정한 프로가 되기 위해 필요한 자질을 강조하는 것이라면 안철수의 A자형 인재는 여기에 팀워크 능력을 추가한다. 업무가 점점 복잡해지고 세분화되는 사회에서 팀을 이루어 커뮤니케이션하는 능력은 갈수록 중요해지고 있기 때문이다.

안철수가 말하는 팀워크 능력에는 '나도 틀릴 수 있다'고 생각하는 열린 생각, 타인에 대한 존중과 배려심, 자신의 의사를 정확하게 표현하고 상대방의 의도를 제대로 이해하는 커뮤니케이션 능력, 자신의 지식을 후배에게 잘 전달하는 능력과 조직에 활력을 불어넣고 동기부여를 할 수 있는 리더십이 포함된다.

안철수는 A자형 인재를 현대가 필요로 하는 바람직한 인재상으로 여기고 있는데, 그가 정리해놓은 이 인재상은 아마도 자신이 가고자 하는 궁극의 목표처럼 보인다.

개인적인 성공만
추구하는 사람이
우리 사회에 도움이 되는가를
심각하게 생각해봐야 한다.
내가 왜 이 일을 하는지에 대한
사명감이 중요하다.

2장

지금 우리가 해야 할 4가지

어떤 사람을 알기 위해서는 그가 세상을 대하는 자세, 흔히 말하는 세계관을 들여다보면 보다 그를 쉽게 이해할 수 있다. 사람과 세상을 대하는 근본적인 시각을 살펴보면 그 이후에 나오는 그 사람의 모든 발언과 행동이 금방 이해되고, 아주 가끔은 점쟁이처럼 그가 미래에 할 행동까지도 예측이 가능하다. 그리고 이 책의 주인공인 안철수는 특유의 '흔적론'으로 설명할 수 있다.

"나는 우주에 절대적인 존재가 있든 없든, 사람으로서 당연히 지켜나가야 할 중요한 가치가 있다면 아무런 보상이 없더라도 그것을 따라야 한다고 생각한다. 내세에 대한 믿음만

으로 현실과 치열하게 만나지 않는 것은 나에게 맞지 않는
다. 또 영원이 없다는 이유만으로 살아 있는 동안에 쾌락에
탐닉하는 것도 너무나 허무한 노릇이다. 다만 언젠가는 같이
없어질 동시대 사람들과 좀 더 의미 있고 건강한 가치를 지
켜가면서 살아가다가 '별 너머의 먼지'로 돌아가는 것이 인
간의 삶이라 생각한다."

안철수의 이 말은 현재의 삶 이후의 천국이나 지옥이 존재하든
않든 간에 일단 현재의 삶을 치열하게 살아야 한다는 의미로 읽힌
다. 죽음 이후의 보상이나 희망을 가지고 현재의 삶을 나태하게 보
내거나 불성실하게 보내는 자세는 인정하지 못하겠다고 말이다. 이
렇게 보면 그는 전형적인 무신론자처럼 보인다. 태어남과 죽음까
지만을 인생의 전부라고 말하는 듯이 보인다. 그런데 그 다음 말에
반전이 숨어 있다.

현재만이 존재한다는 이유로 쾌락에만 탐닉하는 삶 역시도 너무
나 허무하다면서 거부하고 있는 것이다. 그러면서 안철수는 그의
궁극의 삶의 목적은 '동시대의 사람들과 좀 더 의미 있고 건강한 가
치를 지켜나가는 삶'이라고, 마치 교과서에서나 찾아볼 수 있을 법
한 원론적인 말로 자신의 우주관을 마무리한다.

그는 이 짧은 말에서 '사람으로서 당연히 지켜나가야 할 중요한 가치'라거나 '의미 있고 건강한 가치'를 강조하고 있다. 즉 안철수를 움직이는 원동력이나 변화의 시점에서 그의 판단을 결정하게 하는 기준은 '가치 있는 일인가'에 달려 있는 듯하다.

사람들은 저마다 그 사람을 움직이는 핵심적인 키워드를 가지고 있다. '가족'이나 '돈' 혹은 정치권력의 획득'이 인생의 핵심 키워드인 사람도 있다. 어떤 사람은 자신에게 '이익'이 되는가로 모든 상황을 판단하고, 또 다른 사람은 '정의'라는 잣대를 들이대기도 한다. 그리고 안철수는 '가치'의 유무로서 자신의 삶을 조종한다. 그리고 그가 생각하는 가치가 없고, 가치가 있는 것의 판단은 사람들, 특히나 현재 자신과 동시대에 살고 있는 많은 다른 사람들에게 좋은 것이냐가 그 기준이 되는 것으로 보인다.

이에 비추어보면 안철수는 휴머니스트인 동시에 공리주의자다. 그는 사람보다 더 소중한 가치는 없다고 믿으며, 가능하다면 더 많은 사람들에게 이익이 돌아가야 한다고 생각한다.

의사에서 프로그래머로 그리고 벤처기업의 CEO에서 다시 경영대학의 교수로 변신한 그에게 아직도 목표가 남아 있을까? 놀랍지도 않게 그는 여전히 새로운 목표를 가지고 있으며 그것을 다음과 같이 말했다.

"감투를 뭘 쓰느냐에 연연하지 않고, 전체 중소기업의 역량

을 높일 CLOChief Learning Officer, 최고학습임원 역할을 하고 싶습니다."

변화

지켜야 할 가치가 있다면 모두 다 버려라

안철수를 부르는 이름과 직함은 다양하다. 가장 최근의 직함은 교수다. 서울대에서 학생들을 가르치는 자리에 있기 때문이다. 그리고 그 직전에 그는 '학생' 안철수였다. 미국 펜실베이니아 대학의 와튼 스쿨에서 경영학 석사MBA 과정을 이수했다. 또 그전에 그는 안철수 '대표'라거나 '사장' 안철수로도 불렸다. 그가 설립한 안철수연구소의 대표를 맡았기 때문이다. 그리고 다시 그전에는 '의사' 안철수로서 의사 선생님으로 또는 학과장 교수님으로 불렸다. 그는 많은 이름으로 불리지만 현재의 대한민국 사람들에게 '안철수'는 별다른 수식어나 직함이 필요하지 않을 만큼 잘 알려진 인물임이 분명하다.

1990년도에 단국대 의대 학과장이 된 이후로 현재까지 약 20년이 지나는 동안 그가 자신의 이름 앞에 붙인 타이틀은 매우 많다. 의사, (의대)교수, 프로그래머, 벤처기업 경영자, MBA에 이어서 다시 (경영대)교수다. 어느 타이틀 하나도 한 개인에게는 큰 업적이자 영광일 수 있는, 중요하고 얻기 힘든 이름이다. 그런 직함을, 안철수는 50년 남짓 사는 동안 두루 거쳤다.

안철수의 이런 이력을 들여다보는 사람은 '대단하다'라는 감탄사를 한번쯤 내뱉게 된다. 그러나 우리가 진정으로 안철수의 이력서에서 주목해야 할 부분은 훌륭한 지위와 자리를 획득했다는 사실과 함께 그 자리를 스스로 버렸다는 사실이다.

1995년 의대 학과장의 자리를 버렸다. 미래를 알 수 없는 벤처기업의 CEO가 되기 위해서였다. 그리고 10년 후인 2005년에는 안철수연구소의 대표이사직에서 물러났다. 다시 학생으로 돌아가기 위해서였다. 그리고 가장 최근에 그는 지지율 50%를 넘보는 서울시장 후보 자리에서 5% 지지율을 기록했던 박원순 당시 희망제작소 상임이사에게 그 자리를 양보했다. 큰 변화가 없는 한 얻을 수 있는 자리라고 평가받았던 '서울시장'이라는 이름을 포기한 것이다. 흔히 사용하는 관용구로 '헌신짝 버리듯'이라는 표현이 있는데, 그렇게 헌신짝 버리듯이 직업과 지위를 안철수는 미련 없이 내던졌다.

안철수가 버린 것은 비단 자리뿐만 아니다. 1997년, 회사 창립 2년 만에 찾아온 절호의 기회, 안철수는 미국의 맥아피사로부터 천만 달러에 회사를 매각하라는 제의를 받게 되지만 이 역시 포기했다. 97년도의 천만 달러라면 당시 환율로 환산했을 때 800억 원 정도 되는 엄청난 금액이다. 당시 그의 선택은 개인적인 부와 국내 컴퓨터 보안시장을 바꿀 수 없다는 신념에서 기인한 것이다. 또한 함께 동고동락해온 임직원에게 보유주식을 무상으로 양도하기도 했다. 이 일은 2005년 대표이사직을 사임하면서 함께 이루어진 일로 널리 알려져 있지만, 당시 안철수연구소 직원의 회고에 따르면 그보다 훨씬 전인 2000년의 일이다. (이에 대해 벤처기업에서는 어렵지 않게 찾아볼 수 있는 사례이며 그가 자신의 보유주식 전부를 내놓은 것은 아니라고 비아냥대는 목소리도 나오지만, 외부에서 그렇게 간단히 폄하해도 되는 일도 아니다.)

그리고 내가 이 원고를 탈고하기 직전, 안철수는 자신이 가진 회사 보유주식 절반을 사회공헌사업에 사용하기 위해 내놓는다고 발표했다. 돈으로 환산하면 약 1,500억 원에 달하는 금액이다. 황금만능시대에 보기 어려운 일들을 이처럼 거침없이 행한 안철수는 재벌가의 아들이 아니라 알려진 대로 부산 변두리 농네의 의사 아들일 뿐이다.

어려울수록
기본에 충실하라

의사라는 직업은 사람의 생명을 직접적으로 다루기 때문에 직업군 중에서도 매우 스트레스가 높은 직업으로 알려져 있다. 다른 사람의 생명을 살리는 일을 직업으로 삼고 있지만, 그 압박감 때문에 일반인보다 더 높은 자살률과 약물중독을 보이는 아이러니함을 보여주고 있기도 하다. 그런 이유에서인지 의사들은 아주 다양한 취미생활을 하는 것으로도 유명하다. 다루기 어려운 악기를 연주하거나 예술에 조예가 깊은 의사들이 많다. 오페라, 와인, 위험한 스포츠나 자동차 레이싱과 같은 전문적인 취미를 가진 의사들의 이야기도 언론에 자주 소개된다.

의사뿐만 아니라 일반 직장인들도 아주 전문적이거나 특수한 취미를 하나씩 갖는 것이 그리 놀랍지 않은 일이 되었다. 이제 누구도 취미를 물었을 때 돌아오는 대답으로 독서나 음악감상과 같은 30년 전의 대답을 기대하지 않는다. 살사댄스를 배운다거나 출장사진을 찍으러 다닌다거나 요리 블로그를 운영한다는 식의 패셔너블한 것을 기대한다. 지루하고 반복적인 일에 지친 사람들은 패러글라이딩을 하고 MTB로 산을 타며 본업에서 얻지 못한 도전과 성취감을 찾는다.

안철수가 생각하는 행복이란 무엇일까? 그의 말을 유심히 따라가다 보면 그는 '단순하게' 사는 것을 최고의 행복으로 여기는 듯하다. 그가 지금 훨씬 다채롭게 산다고 말은 하지만 외견상 안철수의 삶은 다른 사람들보다 매우 단조로워 보인다. 즐기던 술도 안철수연구소를 시작하면서 끊었다. 담배도 골프도 하지 않는 그가 취미라고 밝힌 것은 대학교 때 즐기던, 그나마도 지난 20년간은 바빠서 못 두었다고 하는 바둑 정도다. 그리고 가끔씩 보는 영화 정도가 거의 유일한 지금의 취미라고 한다. 그럼에도 불구하고 그는 지금의 삶이 '훨씬 다채롭다'고 말한다.

심지어 그는 휴대전화조차 가지고 있지 않다. 유학에서 돌아온 뒤로 너무나 많은 전화연락이 오는 바람에 부득이 휴대전화를 끊고 모든 외부와의 연락을 이메일로만 처리하는 습관을 들였다고 한다. 물론 그의 직업이 경영대학원의 교수이니만큼 요즘 선풍을 일으키고 있는 스마트폰을 체험하기 위해서 휴대전화를 마련하기는 했지만 여전히 전화기능은 사용하지 않는다고. 그는 자신의 삶이 다채롭다고 하지만 보통의 사람들이 보기에는 정말 단조롭고 단순한 삶을 사는 것처럼 보인다.

학교에서 의욕은 있지만 공부는 못하는 대표적인 유형을 일러 '수학시간에 영어공부 하고, 국어시간에 수학공부 하는 학생'이라고 표현한다. 마음은 급하고 벌여놓은 일은 많지만 어느 것 하나 마무리하거나 성과를 내지 못하는 사람에게 해당하는 표현인데, 사실 많은 사람들이 가지고 있는 단점이기도 하다.

그에 비해서 안철수는 한번 정한 일에 대해서는 자신의 모든 것을 투자하여 최고점에 오를 때까지 멈추지 않았다. 의대 공부를 할 적에는 서울대에서 박사학위를 받고 단국대에서 최연소 학과장이 되었다. 그리고 최초로 컴퓨터 바이러스 백신 프로그램을 만들어 무상으로 배포하다가, 안철수연구소를 설립해 척박한 환경을 딛고 100억 원이 넘는 매출을 올리는 기업으로 키워냈다.

의사를 그만두고 기업을 운영하면서 공부가 더 필요하다고 느낀 그는 1997년 펜실베이니아 공과대학에서 기술경영학 석사MSE를 따고, 그 10년 뒤에는 일선경영에서 물러나 같은 대학의 경영학 석사MBA를 마쳤다. 그리고 지금은 카이스트에서 서울대로 옮겨 교수로 학생들을 가르치고 있다.

물론 안철수가 의사로서 노벨상을 획득하거나, 기업인으로서 세계 1위의 기업을 만든 것은 아니다. 또한 기술경영을 가르치는 학자로서 세계적인 권위를 인정받은 것도 아니다. 하지만 그가 이룬 성과와 성취는 아무나 오르기 힘든 히말라야의 높은 산봉우리 정상을 정복하고 나서 만족하지 않고 다시 다른 산을 오르기 위해 짐을 꾸리는 산악인과 닮은 데가 있다.

취미나 부업을 통해서도 얼마든지 다채로운 삶은 가능하다. 그러나 어떤 분야의 일을 부업이나 취미로 할 때와 본업으로 할 때의 사람의 마음과 경험치는 다를 수밖에 없다. 가끔 텔레비전에서 놀이공원의 롤러코스터를 타는 출연자를 보여준다. 보통 카메라를 놀이기구에 직접 설치하거나 카메라맨이 동승하여 회전하고 거꾸로 도는 모습을 보여주는 형식이다. 그러나 우리 모두가 잘 아는 것처럼 텔레비전에서 보는 롤러코스터의 간접체험과 실제 경험은 100배 이상의 차이가 존재한다. 동물원에서 본 사자와 아프리카 초원에서 직접 맞닥뜨린 사자와는 그 느낌이 크게 다를 수밖에 없는 것처럼.

사람들은 다채로운 삶이란 여러 가지 다양한 경험을 하는 것이라고 생각한다. 그래서 일부러 돈을 들여 여행을 떠나고, 앞에서 말한 것과 같이 다양한 취미와 여가활동으로 삶을 윤택하게 만들려고 노력한다. 그에 비해서 안철수의 삶은 단순한 삶이 시간대별로 끊어져 있는 무지개와 같은 모습이다.

"그런데 열심히 살다 보니 오히려 너무 열심히 살다 보니 의사를 그만둘 수밖에 없는 그런 선택의 순간에 처했고요. 그래서 그때 아, 나는 장기계획이 맞지 않는 사람이구나, 오히려 매 순간 최선을 다해서 열심히 살다 보면 오히려 어떤 기회가 저절로 다가오는 타입이구나, 저는 그렇게 생각을 했었거든요."

안철수가 쓴 책이나 어떤 인터뷰를 보아도 그가 의사를 하면서 프로그래머나 벤처기업 창업을 꿈꾸었다는 얘기는 나와 있지 않다. 의대생인 안철수에게 컴퓨터 프로그래밍 공부 역시 공부를 하기 위한 수단의 하나였지, 컴퓨터에 대한 다른 목적을 가지고 시작한 것이 아니었다. 그가 박사과정을 밟던 과목은 심장이 불규칙하게 뛰는 부정맥을 연구하는 '심장 전기 생리학' 박사과정이었다. 그 공부를 더 잘하기 위해서 컴퓨터를 연구하다가 당시 처음 등장한 (C)브레인 바이러스를 퇴치할 수 있는 백신 프로그램 V1을 만들어낸다. 한 문장으로 읽으면 소가 뒷걸음질치다 쥐를 잡았다는 속담이 생각날 정도의 의도치 않은 결과다.

'오히려 너무 열심히 살다 보니'라는 말이 무색하지 않게, 안철수는 그 시절 다른 사람들이 하지 않는 공부에 열중했다. 그는 많은 인터뷰에서 당시 백신을 만들어낼 수 있었던 이유로 기계어를 배웠다는 사실을 꼽았다. 기계어 혹은 어셈블리어로 불리는 이 컴퓨터 프로그래밍 언어는 컴퓨터를 전공하는 사람들도 굳이 배우려 들지 않는 언어다. 제일 처음 나온 프로그래밍 언어지만 이후에 나온 여러 편리한 언어들에 밀려서 그리 활용도가 높지도, 인기가 많지도 않은 언어이기 때문이다. 컴퓨터가 전공도 아닌 의학박사 과정에서 기계어를 배웠다는 것은 안철수가 얼마나 교과서적으로 기본기를 충실히 다지는 노력을 하는 사람인지를 직접적으로 보여주는 증거가 된다.

> "그런데 저도 답답했던 게 제가 뭘 잘못하는지를 정확하게 알면 고칠 텐데, 모르면 안 보이니까, 제가 도대체 뭘 못하고 있는지를 모르겠더군요. 그러면 이제 제가 할 수 있는 거의 유일한 방법이 최단 시간 내에 남들이 했던 간접경험을 최대한 많이 흡수하고 공부를 해서 시행착오를 줄이는 게 제가 해야 될……"

1995년 유학을 떠날 때의 심정을 밝힌 안철수의 말이다. 막 회사를 창업해 시작하던 시점, 회사 경영에만 집중해도 회사가 잘될 수 있을지 장담할 수 없던 시절 그는 회사 경영과 미국 유학이라는 불가능해 보이는 두 마리 토끼를 잡는 도전에 나선다. 아내 김미경의 말에 따르면 잦은 여행과 스트레스로 당시 안철수는 몸이 매우 쇠약해졌다고 한다.

기업체의 CEO가 되면 어떤 요소가 부족하다고 느낄 때 보통 외부의 도움을 받거나 내부인력을 충원하여 손쉽게 해결하려 들기 마련이다. 그러나 그는 가장 어렵지만 또한 가장 효과적인 일, 스스로 배워서 직접 실천하는 변화를 선택했다. 그리고 그 8년 후인 2005년에 세후 순이익 100억 원을 돌파하는 최초의 벤처기업을 만드는 성공을 거둔다. 만일 안철수가 쉽게 외부의 컨설팅 회사나 자문위원의 도움을 받았다면 그런 빛나는 성과는 만들어지지 않았을 것이다.

"연구원이 아니라 아예 석사과정 학생으로 간 거지요. 그래서 2년 동안 정말 고생 많이 했지만 시간은 잘 보낸 것 같습니다. 거의 2년 동안 읽고 공부했던 책 양이라는 게 혼자서 했으면 거의 한 10년 정도 필요한, 그 정도를 했으니까요."

그리고 10년 후, 안철수는 경영학 석사를 위해서 다시 미국유학을 떠난다. 이미 기술경영학 석사학위가 있었기 때문에 연구원으로 쉽게 MBA에 입학할 수 있었지만, 그는 다시 GMAT 시험을 보고 입학시험을 치르는 방법을 택한다.

안철수의 이런 답답할 만큼 고지식한 면모를 볼 수 있는 장면은 그의 인생에서 자주 등장한다. 의대 예과 2학년 때 그는 취미를 바둑으로 정하고 배우기 시작한다. 그런데 그가 바둑을 익힌 방법이 재미있다. 아니, 미련하다. 그는 사람들이 일반적으로 바둑을 배우는 과정인, 주변의 바둑 잘 두는 사람과 바둑을 두면서 실력을 키운 것이 아니다.

안철수는 바둑을 배워야겠다고 결심한 뒤 관련 도서 50권을 구입해서는 1년 동안 읽기만 하고 직접 두지는 않았다고 했다. 책을 읽고 기초적인 정석을 무작정 외우기만 했다. 그리고 1년 후에 처음 상대방과 바둑을 두자 예상과는 달리 10급의 상대조차도 이길 수 없었다고 한다. 그러나 점차 시간이 갈수록 머릿속의 지식들을 실전에서 응용할 수 있게 되면서 실력이 쑥쑥 향상되어 1년 후에는 아마추어 1단 수준까지 아주 빠르게 기력이 향상되었다.

본업이 아닌 취미마저 이렇게 한 우물을 깊게 파는 안철수를 보면 약간 답답함이 느껴지면서도, 이런 그의 모습은 의도적인 노력

이나 학습이 아니라 그저 '안철수 스타일'이 아닌가 하는 생각이 든
다. 그는 그렇게 태어난 사람일 뿐이다. 바둑을 배우기 시작하면 책
50권을 읽은 후에 바둑판 앞에 앉는 사람이고, 컴퓨터를 공부하기
위해서는 컴퓨터의 기본언어인 기계어를 배우는 사람이다. 벤처기
업을 경영하기 위해서는 기술경영학을 공부하고, 다른 사람들에게
가르치기 위해서 스스로 학생이 되는 사람인 것이다.

내일을 사는 놈은
오늘만 사는 놈에게 죽는다

2010년 크게 인기를 끈 영화 〈아저씨〉에서, 주인공 원빈이 전화로
악당에게 이렇게 이야기하는 장면이 나온다. "나는 오늘만 보고 산
다. 내일을 사는 놈은 오늘만 보고 사는 놈에게 죽는다."

많은 자기계발서나 강연에서 사람들은 비전을 강조하고 뚜렷
한 목표를 설정하라고 열심히 이야기한다. 그런 글을 읽고 강연에
서 감명을 받는 사람들은 다이어리를 구입하고 목표를 글로 적고
그 목표를 비전화하여 마음속으로 그린다. 그러고는 아무런 실천
도 하지 않는다. 그저 마음속으로 비전을 만들어낼 뿐이다. 실천이
없는 비전은 상상에 지나지 않는다. 하지만 안철수는 비전을 강조

하지 않는다. 그저 오늘을 열심히 살 뿐이다. 심지어 그는 오늘이라고도 하지 않고 '매 순간 최선을 다해서 열심히 살다 보면'이라고 말한다.

"어떤 일을 하든 제가 그 일을 하는 그 순간에는 그 일이 그 순간 저한테 가장 의미 있고, 재미있고, 잘할 수 있는 일을 하고 있을 것 같습니다. 아무리 나이가 들어도요."

방금까지 야구 경기를 보다 다시 책상 앞에 앉았다. 내가 본 프로야구 경기에서 게임의 흐름을 결정적으로 바꾼 야수의 실책이 있었다. 평범한 땅볼을 내야수가 놓쳤고, 상대팀은 주자와 타자 모두 살아서 그 다음에 바로 역전 점수를 냈다. 슬로비디오로 보여준 그 실책 장면에서 내야수는 공이 글러브에 채 들어오기도 전에 더블 플레이를 위해서 시선이 돌아갔다. 공은 글러브 가장자리에 맞아 옆으로 흘렀고 그 게임은 졌다.

정말 중요한 순간에는 내일이나 미래가 아니라 바로 다음 몇 초 후를 생각하는 것만으로도 일을 그르칠 수 있다. 실책을 한 야구선수가 늘 하던 대로 공이 글러브에 들어가는 느낌을 확인한 뒤에 다음 동작을 취했더라면 게임은 어떻게 진행되었을지 모르는 일이다.

안철수의 인터뷰와 대담을 접하면서 나는 몇 년 전에 〈리더스 다이제스트_Reader's Digest_〉에서 읽은 짧은 에피소드가 생각났다. 7살짜리 어린아이가 동네 친구들의 꼬드김에 넘어가서 높은 나무에 올라가기는 했는데 막상 아래를 쳐다보니 내려갈 수가 없었단다. 날은 어두워지고 집으로 돌아온 아버지가 소식을 듣고 뒷산의 나무에 올라가 있는 아이를 찾아왔다. 아이는 아버지를 보는 순간 울음을 터트리려고 했지만, 아버지는 무심하게 경치가 어떠냐고 물었다. 무섭다는 아이에게 아버지는 '절대로 땅바닥을 보지 말고 바로 다음 네가 발을 디뎌야 할 곳에 집중하라'면서 아이를 달랬다. 아이는 아버지의 유도에 따라 한 발 한 발 나무에서 내려오기 시작했고, 결국 아버지의 품 안에 무사히 안길 수 있었다는 얘기다.

안철수의 성공 요인으로 제일 처음 꼽을 수 있는 것이 '변화'다. 그런데 그가 변화를 추구하게 된 이유를 따라가다 보면 새로운 것에 대한 탐구나 열정이 아니라 '지금 하고 있는 일에 최선을 다한다'는 조금 역설적인 사실과 마주하게 된다. 앞에서 그는 '너무 열심히 살다 보니 선택을 강요당하는 순간이 왔다'고 회고한 바 있다. 박사과정에서 최고의 성적을 내기 위해서 기계어까지 배웠고, 그 덕분에 백신 프로그램을 만들 수 있었다. 사람들이 컴퓨터 바이러스 때문에 피해를 입고 어쩔 줄 몰라 하는 모습에 없는 시간을 내서 백신을 계속 업그레이드하다 보니 의사냐 프로그래머냐의 선택을 강요받는 순간을 맞게 되었다.

매 순간 최선을 다한 사람에게 강요되는 변화는 사실 행복한 변화다. 누구에게나 삶의 순간에서 변화의 시간은 찾아온다. 가장 흔히 볼 수 있는 장면은 학생들이 졸업을 앞두고 그 다음의 진로의 선택을 강요받는 것이다. 성실함으로 지난 시간을 채운 학생들은 원하는 상위학교 진학이나 직업이란 결과를 얻을 수 있겠지만, 그렇지 못한 학생들은 자신의 의도와는 상관없는 미래를 선택해야만 하는 순간이 온다. 고등학교 3학년이라면 누군가는 선망의 대상인 명문대를 입맛에 맞게 고를 수 있는 선택지 앞에 놓이는 반면, 또 다른 누군가는 누구도 가고 싶어 하지 않는 학교들 앞에서 그나마 나은 곳이 어디일지 도토리 키재기마냥 이리 재고 저리 재며 선택을 고민하게 된다.

변화의 종류 중에서 가장 바람직하지 않은 변화는 스스로 선택한 결정이 아닌 타인에 의해서 강제로 만들어진 변화다. 예전부터 사회의 도덕이나 법을 어기면 그 사람을 강제적으로 가두거나 태형에 처하거나 노역을 시켜서 벌을 주었다. 스스로 일을 하는 것은 노동이지만 어쩔 수 없이 강제로 일을 하게 하는 것은 노역이고 고통이다. 스스로의 결정으로 먹고 자는 것은 생활이지만, 타인에 의해 강제로 먹고 자는 것은 수용이나 감금이다.

현재 하고 있는 일에서 성과를 내는 사람은 터닝포인트가 왔을 때 그 다음의 선택을 주체적으로 할 수 있는 권리가 주어진다. 그리고 안철수의 변화의 순간은 거의 매번 이와 같이 여러 좋은 기회들 중에서 스스로 선택하여 이루어진 변화였다.

"CEO 그만둘 때도 사실 마찬가지였습니다. 안연구소, 제가 창업한 회사에서 잘되고 있는데, 제가 나갈 수 있으리라고는 저 자신도 상상을 못했는데, 그때 보니까 열심히 살다 보니 오히려 다른 업계 전반적으로 도움을 줄 수 있는 일, 또는 기회라는 게 제 눈앞에 와 있더라고요. 그러니까 제가 어떤 도전을 했다는 느낌은 전혀 안 들고요, 오히려 저는 그냥 현재를 살고, 열심히 사는 사람인데, 기회가, 제가 찾지도 않았는데, 저한테 성큼 다가왔던 그런 느낌이 듭니다."

안철수는 어려운 것이라곤 없었다는 듯이 쉽게 이야기한다. 의학 공부를 잘하려다 보니 프로그래밍까지 배우게 되었고 그러다가 기업의 CEO가 되는 길로 들어섰다. CEO 노릇을 잘하기 위해 공부를 하다 보니 어려움에 처한 다른 기업들에 도움이 되기 위해서 교수가 되었다,라는 것이 그의 말이다. 하지만 그 변화의 지점마다 그는 의사를 버리고, CEO를 버렸다. 물론 우리 같은 범인들이 그의 말을 액면 그대로 받아들이기는 어렵다. 평범한 사람들이라면 '이 정도면 됐다'하고 쉽게 현실에 안주를 하거나 성과의 과실을 따먹으면서 남은 인생을 보내려 할 것이 분명하기 때문이다.

나의 경쟁 상대는 과거의 나

개각철이 다가오거나 선거를 앞두고 참신한 인물을 찾는 정치계의 레이더망에서 안철수는 늘 영입 우선순위에 있는 인물이었다. 그만큼 지속적인 정치권의 러브콜을 받아왔지만 안철수의 대답은 늘 '노'였다.

노무현 정부 시절 정보통신부 장관 후보로 하마평에 오르기도 했고, 2010년에도 교육과학기술부 장관, 청와대 수석비서관 등 여권 인적개편 대상으로 꾸준히 거론됐다. 국무총리 후보로 꼽히기도 했다. 2006년 당시 열린우리당에서 후보로 강금실 전 장관을 영입하려는 움직임을 보이자 한나라당에서는 오세훈 카드가 수면 위로 떠오르기 전 안철수, 어윤대 당시 고려대 총장, 윤종용 당시 삼성전자 부회장 등을 영입 대상자 명단에 올려두고 설득작업을 벌인 바 있다.

하지만 그럴 때마다 안철수는 "과분하게 능력을 인정해주시는 점은 감사드리지만, 지금 본인이 하고 있는 일들에 충실하는 것이 국가에 봉사하는 일이라 생각하고 있다"는 대답으로 몸을 낮추었다. 지난해 서울시장 재보궐선거 국면에서 정치권을 초긴장 상태로 만든 안철수의 출마설은 그의 정치 입문이 현실이 될 수도 있다는 가능성을 보여준 첫 움직임이었다.

안철수를 서울시장 후보, 대선 후보로까지 염두에 둔 각종 여론 조사가 주기적으로 행해지는 가운데, 이른바 '안철수 현상'을 다룬 사회비평서도 봇물을 이루었다. 인터뷰 기사와 스트레이트 기사도 끊이지 않고 쏟아졌다.

그중에서 월간지 〈신동아〉 2011년 10월호에 실린 '컴퓨터SNA로 밝혀낸 안철수의 속마음'이라는 제호의 기사는 특히 눈에 띈다. 이 기사는 SNA라는 새로운 기법으로 인간 안철수의 속마음을 들여다보게 해주었는데, SNA란 사회 연결망 분석Social Network Analysis의 약어로 한 사람이 쓴 글이나 말한 내용을 컴퓨터로 분석하는 새로운 분석기법을 의미한다. 정치적인 성향이나 기타 언론사에 다룬 흥미 위주의 이야기를 제외하고 내 눈에 가장 먼저 들어온 건 다음의 문장이다.

안철수는 차별화를 해서 자신의 존재를 증명하려고 노력하는데,
우선은 남들과 차별화를 시도한다. 다른 박사과정의 학생들이 그
저 컴퓨터를 자신의 공부에 도움이 될 정도만을 배우고 익히는 것
에 반해서, 그는 기계어 수준까지 심도 있게 공부하여 다른 학생들
과 커다란 차이를 만들었다.

CEO가 된 이후에도 스스로 2년간 미국으로 유학을 떠나 기술경
영을 직접 배워서 실무에 적용했다. 이런 과감한 시도는 다른 CEO
들에게서는 발견하지 못하는 매우 차별화된 모습이었다.

실제로 벤처 붐이 일어났을 당시 수많은 무료 소프트웨어 회사
들이 수익구조를 만들지 못한 채 투자만 받고는 회사 문을 닫은 경
우가 부지기수였다.

그에 비해서 안철수연구소에서는 무료백신과 유료백신 및 서비
스를 동시에 운영하면서 연 매출 600억 원대의 견실한 기업으로 알
차게 성공하는 모습을 보였다. 안철수는 이 '성공적인 유료화' 모델

이 자신이 미국에서 배운 이론을 현장에 적용해 얻은 성과라며 매우 뿌듯하게 여긴다고 자찬했다. 그는 CEO가 직접 배우고 익힌 것과 컨설팅이나 직원들을 통해서 간접적으로 아는 것과는 많은 차이가 있다고 생각하는 듯하다.

안철수는 여기서 한 걸음 더 나아간다. 그가 경쟁상대로 삼는 사람은 '5년 전의 안철수', '10년 전의 안철수' 같은, '과거의 안철수'다. 그가 '과거의 안철수'보다 더 나아진 '현재의 안철수'가 되기 위해서 노력하는 사람이라는 〈신동아〉 분석결과는 그 자체로 매우 흥미롭다.

물론 이것은 지난 20년 동안의 그의 행적을 보고 역산하여 내린 결론일 수도 있다. 하지만 의사 - 프로그래머 - CEO - 경영학 교수로 이어지는 그의 주기적인 변화를 가장 수긍이 가도록 설명해주는 답변이기도 하다. 그는 한 라디오 인터뷰에서 당시 새로 맡은 서울대 교수 자리를 10년 후까지도 계속 맡을 수 있겠냐는 질문에 이렇게 답한다.

"잘 모르겠습니다. 사실 제가 예전에 의사 그만두고 의대 교수 그만두고 벤처기업을 창업할 때, 그때 생각을 해봤는데요, 그때도 저의 아버님이 의사 하시는 분이라, 저는 의대 들

어갈 때 제가 평생 아버님처럼 나이가 들어도 백발에 가운
입고 환자 열심히 보는 그런 의사로 살 줄 알았습니다. (중
략) CEO 그만둘 때도 사실 마찬가지였습니다. 안연구소, 제
가 창업한 회사에서 잘되고 있는데, 제가 나갈 수 있으리라
고는 저 자신도 상상을 못했는데……"

'나의 경쟁상대는 바로 나'라는 말은 스포츠 스타나 인기 연예인
들이 흔히 인터뷰나 광고에서 자주 하는 말이다. 그러나 그 말을 하
는 운동선수나 연예인들이 실제로 객관화한 자기 자신을 경쟁상대
로 삼고 노력을 하는지는 알 수 없는 노릇이다.

안철수의 과거를 돌이켜보면 그의 경쟁상대는 '과거의 안철수'
밖에 없는 듯이 보인다. '나'와의 경쟁에 나선 안철수는 정상에 올
랐을 때를 변화의 타이밍으로 인식했다. 스물일곱의 나이로 최연
소 의대 학과장이 되었을 때, 안철수연구소가 창립 10년 만에 코
스닥 상장의 꿈을 이루었을 때, 어렵사리 해오던 일이 궤도에 올
라 안정이 눈앞으로 다가왔을 때 안철수는 항상 안정 대신 변화를
선택했다.

뒤에서 다시 자세히 언급하겠지만, 그러한 변화를 선택하는 안
철수의 심리 기저에 깔린 것은 '지금 이것을 하지 않으면 살아남을

수 없다'는 위기의식이다.

《주역周易》의 '계사전繫辭傳'에는 "궁즉변 변즉통 통즉구窮則變 變則通 通則久, 다하면 변하고 변하면 통하며 통하면 지속된다"라는 말이 나온다. 이 '궁즉변'의 이치를 《주역》에서는 이렇게 설명한다. "달이 차면 이지러지고, 해가 중천에 이르면 기울게 되는데 사물의 이치야 말해 무엇하겠는가! 그것이 다함에도 변하지 않으면 소멸할 것이요, 막혔다고 여겨지면 변화하여 그것이 서로 통하게 하면 영원할 것이다."

'시골의사'라는 필명으로 더 유명한 안동신세계연합클리닉의 박경철 원장은 이렇게 말했다. "항상 정점에 있을 때 변화를 주시하고, 모두가 확신할 때 다음의 수를 준비하지 않으면 그것이 기업이든 개인이든, 사업이든 재테크든 결과적으로 실패를 면할 수 없다." 안철수가 정점에서 다른 봉우리로 건너뛰는 선택을 하는 이유를 짐작케 하는 말이다.

강태공은 바늘 없는 낚시로 세월을 보내면서 때를 기다렸다. 옛사람들은 나아갈 때와 참아야 할 때 그리고 변해야 할 때를 알고 그때에 맞추어 행동에 나서는 것을 최고의 전략으로 평가했다. 자신이 변화할 때를 알고 스스로 결단을 내려서 행동에 옮기는 안철수야말로 최고의 전략가다.

행동하지 않는 변화는 변화가 아니다

안철수에 관한 수많은 자료들을 살펴보면서 드는 생각 중에 하나는 그는 겉보기와 다르게 매우 과감한 행동력을 가졌다는 점이다. 소심해 보이고 얌전한 모범생과 같은 이미지와 언성 높이는 일이라곤 없을 것 같은 나직하고 가는 목소리 때문에 사람들은 그를 그저 머리가 좋은 수재 정도로 판단하는 우를 범하기 쉽다.

그러나 그의 인생에서 주요한 변곡점마다 보여주었던 과감한 행동력은 이런 그의 외부에 드러나는 이미지와는 매우 상반되는 모습이다. 그는 때를 기다리지만 그러한 때가 왔다고 판단하면 주저 없이 곧장 핵심으로 뛰어드는 실천력을 가졌다.

변화는 결단과 움직임이 포함되어 있는 단어다. 결단을 내리지 않으면 어떤 변화도 일어나지 않는다. 또한 그 결단에 뒤따르는 행동이 없다면 그 역시 변화가 아니다. 변화를 능동적으로 이루어낼 수 있는 사람이라는 의미는 스스로 결단을 만들어내고 또한 그 결단에 후속되는 행동들을 실천했다는 말이 된다.

지난해 5월, CBS 라디오 〈시사자키 정관용입니다〉에 출연한 안철수에게, 진행자 정관용은 기업을 경영하는 위치에서 과감하게 유학을 결정한 그의 선택에 대해 다음과 같은 질문을 했다. (따옴표 안

의 문장은 안철수의 대답)

'말은 중요하지 않다. 행동으로 (의사표현을) 한다'라고 안철수는
줄곧 말하고 있는데, 말을 줄이고 직접 행동에 나서는 모습은 사람
들을 이끄는 리더에게 매우 중요한 덕목이다. '그 사람은 허풍이나
위선적인 말을 하지 않는 사람'이라는 평판을 쌓는 것만큼 리더로
서의 큰 자산은 없기 때문이다. 리더가 말하는 데 머물러 있지 않고
실천을 먼저 한다거나, 말한 것은 100% 실천을 한다는 믿음을 주
변 사람들이 갖게 된다면 그 리더는 조직을 이끄는 데 있어 큰 자
산을 얻은 셈이다.

반면에 말과 행동이 다르거나, 말은 있으되 나중에 책임질 행동

이 뒤따르지 않으면 조직구성원들은 겉으로만 리더를 따르는 척할 뿐 그의 말을 가벼이 여기게 된다. 숙제검사를 하지 않는 교사의 숙제는 보통 잊어버리기 쉽다. 출석을 부르지 않는 교수의 강의는 1순위로 빠지게 된다. 팔로우업 Follow-Up이 없는 상사의 업무지시는 가장 나중으로 미루게 된다.

그러나 평소에는 말이 많은 편이 아니지만 일단 말한 것은 철저하고 꼼꼼하게 챙기는 리더가 이야기한 것은 다르다. 리더가 말한 것이 기획안 개발이건 시장조사이건 현재 진행되고 있는 프로젝트의 문제점 파악이건, 그 어떤 것이 되었든 간에 리더는 자신이 말한 것이 어떻게 되어가고 있는지 진행상황에 대해 수시로 탐문할 것이며, 과정과 결과를 지켜보고 평가할 것이다.

인생에서 결단의 순간마다 안철수는 혼자 고민을 하고 스스로 결정을 내리는 것으로 보인다. 의사를 그만두고 창업을 하고, 회사를 경영하면서 유학을 다녀오고, 창업한 회사를 그만두고 다시 학생으로 돌아갔다가 교수로 신분이 이동되는 모든 국면에서 그는 스스로 결정을 했다고 말한다.

안철수의 이런 면모는 어린 시절 그의 부모의 영향인지도 모른다. 조용하고 내성적이었던 어린 안철수는 기계를 분해하는 것을 좋아했던 아이로, 그의 부모는 아마도 그가 공대에 가지 않을까 하고 생각했었다고 한다.

"고등학교 때는 공부를 곧잘 해서 공대에 가지 않을까 생각
했지요. 기계 다루는 걸 워낙 좋아했으니까요."

언론사와의 인터뷰에서 그의 아버지 안영모는 고등학생 안철수
가 공대에 진학할 것으로 짐작했지만 나중에 의대에 진학하겠다는
결심을 밝혀와 내심으로는 기뻤다고 회고했다. 인터뷰상으로 보면
그의 부모는 진학에 관해서 어떤 간섭을 하지 않은 것으로 보인다.
'교육엄마', '엄마 매니저'라는 단어가 낯설지 않게 된 현실에서 드
문 부모상이다. 안철수 역시 자신의 대학 진학에 대해서 다음과 같
은 말로 위의 짐작을 뒷받침한다.

"말씀은 안 하셨지만 의대에 가기를 바라시는 것 같아 아버
지를 기쁘게 해드리고 싶었습니다."

안철수는 의대에 진학해 의사가 되었지만 결과적으로는 시계를
분해하고 라디오를 조립하던 어린 시절의 기질대로 프로그래머라
는 직업을 갖게 되었다. 텔레비전 예능 프로그램에 나와서 어린 시

절부터 지금껏 아들에게 존댓말을 써온 어머니에 대한 이야기를 하기도 했지만, 안철수가 걸어온 삶의 행로를 볼 때 역시 그에게 큰 영향을 끼친 사람은 어머니보다는 아버지인 것으로 보인다.

안영모는 마흔여덟에 다시 공부를 시작해서 나이 쉰에 가정의학과 전문의 자격증을 취득했다. 현실에 안주할 만한 나이에 이미 안정된 환경 속에서 까마득한 후배들과 나란히 다시 전문의 시험을 보는 것은 흔치 않은 도전이다. 아버지의 그러한 모습은 바로 옆에서 지켜본 안철수에게 긍정적인 자극이 되었을 것으로 짐작된다.

> "나는 나이가 들면 공부와는 자연히 멀어지는 줄 알았는데, 아버지의 모습은 내게 충격으로 다가왔다. 내가 마흔이 다 된 나이에 유학길에 오를 수 있었던 건 아버지의 말없는 가르침의 영향이 크다."

Slow Death와 Deep Change

큰 그림을 본다는 표현을 사람들은 자주 사용하지만 실제로 현실에서 이를 실천하기는 매우 어렵다. 당장의 손해가 눈앞에 있을 때나 돈을 잃고 명예가 실추될 때 우리 모두는 견디지 못하고 어려운 일을 포기하거나 그 자리에서 도망친다. 당장의 손해를 감수하면서 그 자리를 지키고 때를 기다리는 일은 평범한 사람들이 쉽게 할 수 있는 일이 아니다. 그리고 그런 일을 전쟁에서 하는 사람이 개선장군이 되고, 정치에서 이뤄내는 사람이 지도자가 되며, 기업의 경영에서 만들어내는 사람은 존경받는 CEO가 된다.

> "어떤 분은 제가 차라리 같은 서울대라도 경영대나 공대를 나왔으면, 벤처기업으로 더 빨리 진입해 더 잘됐을 거라는 덕담도 하십니다. 하지만 제 생각은 좀 다릅니다. 열심히 공부하고 봉사진료도 다니면서 의대생활을 치열하게 했기 때문에 지금의 제가 있다고 봅니다. 지금 제게 의학지식은 거의 남아 있지 않지만, 열심히 살았던 삶의 태도는 제 피 속에 녹아 몸속에 흐르면서 아직도 남아 있습니다. 지식은 유한하지만 치열한 삶의 방식은 평생 갑니다."

안철수는 이렇게 말하고 있지만, 그가 살아온 궤적을 따라가다 보면 그는 꼭 의대가 아니더라도 치열한 학교생활을 보냈을 사람이다. 대학시절 했던 봉사활동 역시 그가 의대에 진학하지 않았더라도 다른 형태로 행했을 것이다. 그러나 안철수의 말이 더욱 절절하게 다가오는 것은 그가 의대생으로 보낸 6년이야말로 그 어떤 치열함보다 더 힘든 과정이라는 것을 우리가 익히 들어 알고 있기 때문이다. 의학은 사람의 생명을 다루는 공부인 만큼 다른 어떤 학문보다도 많은 분량을 치열하게 공부해야 의대를 무사히 졸업할 수 있다.

하마평下馬評이란 말이 있다. 태종 13년에 만들어진 당시의 이정표 중에 하나가 하마비下馬碑였는데, 이는 임금이 사는 궁궐 안에 이르면 누구든 말에서 내려 걸어와야 하는 장소를 의미했다. 지금도 덕수궁에 들어서면 하마비를 볼 수 있다. 말을 타고 온 관리는 말에서 내려서 걸어 들어가고, 뒤따르던 하인들은 그 자리에서 말을 지키면서 잡담을 나누었는데, 이때 하인들이 자기가 모시는 주인나리에 대해 떠드는 이야기를 하마평이라고 불렀다. 지금으로 치자면 국회의사당 주차장에 운전기사 휴게소가 있는 정도로 볼 수 있겠다.

사람들, 특히 언론에 노출된 유명한 사람들은 모두 하마평을 듣기 마련이다. 누구는 뼛속까지 군인이라거나 또 누구는 천생 장사꾼이란 평가를 듣는다. 전역을 한 지 오래되었어도 여전히 군인으로 살아가는 사람이 있고, 공직에 올라도 여전히 장사꾼처럼 사는 사람도 있다. 노태우 대통령은 '위대한 보통 사람들의 시대'라는 슬로건을 내걸고 대통령에 당선되었지만 임기 내내 몸에 밴 군인 냄새를 빼지 못했다. '성공한 CEO' 이미지를 내세웠던 이명박 대통령도 '주식회사 대한민국'의 경영자로, '국민'이 아닌 '주주'를 위한 정책을 펼친다는 평가에서 자유롭지 못했다.

한 사람을 판단하거나 평가하는 여러 방법이 있지만 나는 그 사람의 첫 번째 직장 혹은 직업이 무엇이었는지를 눈여겨보는 편이다. 영업직이나 경리사무직, 연구직 혹은 고객상담을 담당하던 직종과 같이 직종마다 타 직종과 구별되는 고유의 성격이 있다. 10년 20년이 지나 현재는 다른 직업에 다른 업종에 종사하더라도 처음 몸을 담았던 직종에서 배운 습관과 행태로 일을 하는 경우를 자주 볼 수 있다. 나는 그래서 새로운 사람을 만났을 때 그의 첫 직업에 대해서 묻거나 그의 행동거지 같은 것을 보고 첫 직업을 짐작해보는 버릇이 있다.

안철수는 의대를 졸업한 의사였지만 환자를 치료하는 의사라기보다는 심장을 연구하던 연구자나 학자라고 말하는 것이 더 적절할 것 같다. 학문을 연구하는 자세로 바이러스를 대하고, 벤처기업의 경영을 대하고, 나아가서 기업을 경영하는 방법에 대해 탐구하고 공부했다. 그는 뼛속까지 학자다.

"길게 생각하는 것은 경영뿐만 아니라 한 개인의 삶에도 미
덕이다. 가치의 문제에서도 장기적인 가치는 단기적인 가치
보다 우월하다고 확신하며, 그래서 장기적인 가치를 지키기
위해서 단기적인 손해는 기꺼이 감수할 수 있다고 생각한다.
그리고 돈과 명예에 대한 단기적인 욕망에서 자유로울 수
만 있다면 누구나 긴 호흡으로 살아갈 수 있다고 생각한다."

눈앞의 손해를 감수하기란 말처럼 그리 쉬운 일이 아니다. 베스
트셀러 저자인 스티븐 코비Stephen Covey의 저서 중《소중한 것을 먼저
하라 First Things First》라는 책이 있다. 이런 책이 나오게 된 것도 역설적
으로 말하자면 사람들은 중요한 일을 하지 못하기 때문이다. 눈앞
에 급한 일이 매일 매 시간 닥쳐오기 때문에 정작 중요한 일을 할
시간이 없다. '급한 일'에 매몰되어 중요하고 소중한 일을 소홀히
한 뒤에, 시간이 지나 정작 그 중요한 일을 할 수 있는 때가 지나간
후에야 후회를 하는 것이다. 하지만 후회는 그저 가슴의 상처로나,
스스로의 작은 위안으로나 남을 뿐이다.

"나는 어떤 일을 시작할 때 '이 일을 하면 우리가 좀 더 잘되
겠지'라는 판단 기준을 적용하지 않는다. 대신 모든 결정에

는 '이 일을 하지 않으면 머지않은 장래에 생존을 위협받을 것이다'라는 기준을 적용했다."

경영학에서 말하는 변화관리의 관점에서 본다면 안철수의 말은 'Slow Death'와 'Deep Change'의 차이로 이해할 수 있다. 미시간 대 비즈니스 스쿨 교수인 로버트 E. 퀸Robert E. Quinn이 1996년에 쓴 《Deep Change》는 'Deep Change or Slow Death'라는 제목으로 국내에 번역 출간되었다. 'Slow Death'는 지금 하는 방식으로 더 열심히 하다 보면, 결국은 조금 더 나아질 것이라는 믿음을 가리킨다. 그러나 결과적으로 이런 기업들은 망하고 그런 개인들은 실패자로 남는다.

그에 반해 냉철한 판단으로 커다란 변화를 꾀하여 실천하는 기업은 새로운 시대를 이끌어나가는 리딩 기업이 된다. 특히 정보통신 관련 기업들의 경우 이런 변화의 강도는 매우 크다. 불과 5년 전까지만 해도 전 세계 모바일 통신시장의 최강자로 군림했던 노키아는 지금 스마트폰의 열풍 속에서 소외된 채 방황 중이다.

최초의 성공한 스마트폰이라고 할 수 있는 캐나다의 리치인모션RIM은 여전히 블랙베리 하나로 버티고 있지만 그 수익성과 장래성은 누구도 밝게 보지 않는다. 피처폰에서 디자인을 인정받아 세계

4위까지 치고 올라갔던 LG도 지금은 회사 전체의 수익성이 크게 나빠질 정도로 스마트폰의 흐름에서 뒤처져 있다.

반면 잘나가던 컴퓨터 회사에서 그저 조그만 MP3 플레이어 회사로 변화되었다는 비아냥을 듣던 애플은, 아이폰과 아이패드 그리고 맥북 시리즈로 최고의 휴대전화 회사와 모바일 컴퓨터 회사로 거듭나며 단순한 소비자가 아닌 열광적인 팬들을 끌어모으고 있다.

변화는 점진적이지 않다. 생물의 진화는 조금씩 꾸준하게 이루어진 것보다는 어느 한순간 돌연변이를 일으키는 경우가 많다. 다이어트를 한다든가 금연이나 금주를 하는 경우도 서서히 살을 빼거나 담배를 줄이는 경우는 거의 찾아볼 수 없다. 어떤 계기를 맞이해서 딱 하고 그냥 끊어버리는 경우가 훨씬 많다.

"지금이 우리에게는 '뜨거운 가슴과 차가운 머리'가 필요할 때가 아닌가 한다. 냉철한 현실 인식, 과거에 대한 자기 반성, 현실에 근거한 치밀한 계획, 그리고 구체적인 결과를 이끌어내는 실행 능력과 함께 결국에는 성공할 것이라는 믿음과 열정이 현재 우리에게 가장 필요한 것이다."

'결국은 성공할 것'이라는 막연한 낙관은 한국 사람들에게는 매우 익숙한 신념 같은 것이다. 지난 IMF 외환위기 이전까지만 해도 한국에서는 '경제는 매년 발전하는 것'이 당연했고, '국가경제가 발전함에 따라 나의 삶도 나아질 것'이라는 굳은 믿음이 있었다.

'긍정적으로 생각하면 성공이 따라온다'는 미국발 긍정주의 메시지는 《긍정의 힘 *Your Best Life Now*》, 《시크릿 *Secret*》 등과 같은 베스트셀러를 낳으며 전 세계로 확산되었다. 특히 중국, 인도, 한국 등 성장주의 국가에서는 이를 무비판적으로 받아들이며 구조조정이 일상화된 신자유주의적 사회구조를 타파하려고 하기보다는 개인들의 노력으로 부조리한 현실을 돌파하라고 주문한다. 개인의 성공은 온전히 그 자신의 노력에 달린 것이고, 성공하지 못한 개인은 태만하고 노력이 부족한 사람으로 간주된다.

한국에도 번역 출간된 바버라 에런라이크 *Barbara Ehrenreich*의 《긍정의 배신 *Bright-sided*》은 미국에서 긍정주의가 유행하게 된 것은 기업들의 대량실업이 본격화되면서부터라고 분석했다. 미국의 제조업의 몰락과 금융위기에 따른 대량해고 사태가 일상화되었지만 실직자들이나 직업을 구할 기회조차 얻지 못한 청년 실업자들에게 위로의 방편으로 긍정주의가 이용되고 있다는 것이다. (미국에서만 천만 부가 넘게 팔린 밀리언셀러 《누가 내 치즈를 옮겼을까? *Who moved my cheese?*》는 기업들이 대량구매해 직원들에게 나눠주었다고 한다. 지난 20

여 년 동안 미국에서 3천만 명의 노동자가 직장을 잃었고, 그 사이에 동기부여 강사가 새로운 직업으로 각광받으며 '긍정 산업'의 규모를 어마어마하게 키웠다.)

리먼브라더스의 고정자산 부문 글로벌 책임자였던 마이크 겔밴드Mike Gelband는 2006년 말, 부동산 거품을 감지하고 당시 CEO였던 리처드 풀드Richard Fuld에게 '우리의 비즈니스 모델을 다시 생각해봐야 한다'고 말했다. 하지만 풀드는 곧바로 그 비관론자를 해고했고, 그로부터 2년 뒤 리먼은 파산했다. 미국의 모기지 산업이 침체에 빠진 2007년 동기부여 강사에 대한 모기지 업체들의 요구는 20%나 증가했고, 금융위기가 본격화된 2008년 번영신학을 내세운 교회들은 눈에 띄게 팽창했다. 모두가 과도한 긍정이 위기의 징후를 외면하게 만드는 사례들이다.

'뜨거운 가슴'만으로는 맹목적인 긍정에 함몰되기 쉽다. 안철수가 '뜨거운 가슴'과 '차가운 머리'를 함께 강조한 것도 그 때문이다. 막연한 긍정주의는 안철수가 말하는 냉철한 현실 인식과 과거에 대한 자기 반성, 그리고 현실에 근거한 치밀한 계획과 구체적인 결과를 이끌어내는 실행 능력에 장애물이 된다.

세상의 어떤 사람도 유전자 안에 '변화'라는 요소를 가지고 태어난 이는 없다. 하지만 스스로 깨닫거나 다른 사람에게서 가르침을 받아서 지속적인 변화를 추구할 수는 있을 것이다. 그리고 그런 사람들 중에서 아주 드물게는 변화하는 것에 대해서 학습을 넘어 습관으로, 습관을 넘어서 내 몸과 같이 한몸이 된 사람도 있지 않을까 생각한다. 그리고 그런 사람들 중에서 가장 널리 알려진 이가 바로 안철수일 것이다.

변화무쌍한 세상에서 유일하게 변하지 않는 것이 있다면 그건 세상은 늘 변할 것이라는 사실 하나다. 지난 2년간의 인터넷에서 유통되는 데이터의 양은 인터넷이 처음 등장한 이후 20년 동안의 합계 데이터의 양보다 더 크다고 한다. 또 주말판 〈뉴욕 타임스*The New York Times*〉에 실린 정보의 양이 중세시대에 살았던 사람이 평생 접한 정보의 양과 비슷하다고 말하는 사람도 있다. 세상은 변하고 있고 브레이크가 고장난 것처럼 그 변화의 속도는 시간이 지남에 따라서 가속도가 붙는 듯이 보인다.

안철수가 정치권의 주목을 받으면서 비판적인 시각으로 그의 삶을 보는 사람들도 여럿 나타났다. 그들은 안철수의 삶이 그저 남보다 반걸음 정도 앞서 갔을 뿐이라고 폄하한다. 프로그래머로서는 처음 바이러스가 나타났을 때 백신을 만들었고, 한국에 벤처창업 붐이 불기 전에 벤처기업을 창업해서 성공했을 뿐이라는 얘기다. 일면 수긍이 가기도 하지만 그 사실들이 비판의 대상이 될 수는 없다. 시대의 흐름을 빠르게 파악하고 그에 맞게 대비한다는 것은 그것만 가지고 시빗거리가 될 사항이 아니기 때문이다.

안철수는 의사로서의 삶이 아마도 더 단순했을 것이고 더 행복했을 것이라고 말한다. 하지만 의사를 버리고 난 이후의 삶이 다채로워졌고 그래서 지금 후회는 하지 않는다고도 말한다. 만일 그가 그저 평범한 의사였다가 보통의 프로그래머로 전직을 했다가 창업을 했지만 성공도 하지 못한 사람이었다면, 아마 〈세상에 이런 일이〉 정도의 텔레비전 프로그램에 등장하는 별난 인생으로 비쳐지고 말았을지도 모른다. 수채화 물통에 풀어진 물감처럼 여러 색의 물감이 한 통속에서 풀어져버린 흑회색의 삶처럼 보였을 것이다. 그러나 그는 자신이 맡은 직업에서 최고 수준의 노력으로 최대의 성과를 만들어냈다. 그 덕분에 안철수의 지나온 삶은 각각의 시절이 빛나는 무지개와 같은 삶으로 보인다. 그의 변화가 아름다울 수 있는 이유는 그가 현재의 직업에서 정점의 자리에 오른 다음에 변화를 시도했기 때문이다.

"나는 미래 계획이 없다. 그냥 현재를 열심히 살면 그 다음 선택이 나한테 주어진다. 카이스트 교수 시절 기업에 대해 이야기하니까 어떤 분이 '학교에만 있어서 현실을 모른다' 고 비판했다. 한국에서 10년 동안 사장 하면서 만날 은행 가서 어음깡하고 다닌 사람한테 말이다. 평생 학교에 있었던 사람으로 다른 분이 착각할 정도로 교수로서 인정받은 것 아닌가. 그런 게 현재를 충실하게 산 결과이자 보람이다."

리더십

자발적 참여를 이끌어내라

'교수 안철수'가 아닌 'CEO 안철수'로서 그가 가장 많이 언급하고 강조한 단어는 '수평적 리더십'이다. 리더십은 시험을 치거나 점수를 매길 수 있는 기술이 아니다. 도서관이나 교실에서 학습하는 지식이 아니라 몸으로 체험하고 경험을 통해서 깨닫는 특징을 가진다. 벤처기업으로 성공하기도 어렵고, 더구나 소프트웨어기업이 성공을 하기는 정말 어려운 한국 토양에서 안철수는 단 3명으로 시작한 안철수연구소를 성공적인 중견기업으로 키워냈다. 그렇다면 '내성적이고 공부 잘하는 아이'였던 안철수가 리더로서 조직을 잘 이끌어갈 수 있었던 비결은 무엇이었을까.

교육인적자원부가 2007년에 발표한 〈미래의 직업세계 2007〉에 따르면 한국에서 직업의 만족도가 가장 높은 세 가지 직종은 사진작가와 작가 그리고 작곡가라고 한다. 반대로 가장 낮은 만족도를 가진 직업 세 가지는 모델, 의사 그리고 크레인 운전기사가 차지했다. 의사들의 직업 만족도가 이토록 낮다는 것이 놀랍다.

직업 만족도가 높은 직종들의 공통점은 창작을 한다는 점과 거의 혼자 일할 수 있다는 점이다. 창작에는 물론 어려움이 따르지만, 창작을 한 이후의 성취감은 꽤 큰 희열로 다가온다. 게다가 창작은 기본적으로 창작자가 주체가 되어 일을 한다. 반면에 만족도가 낮은 모델의 경우는 옷과 같은 상품을 돋보이게 하는 직업이다 보니 다른 사람의 요구에 맞춰주어야 하는 일이 많다. 스스로 주체가 되어 일을 하지 못하는 경우 그 만족도는 낮을 수밖에 없다.

다른 사람들과 함께 일을 하는 것은 매우 어려운 일이다. 그러나 현대 산업사회에서는 다른 사람들과 같이 일하는 분업과 협업이 필수적이다. 산업사회 이전의 모습을 생각해보자. 농업과 수산업이 중심이었던 산업구조에서 대규모의 협업이나 분업은 없었다. 다만 나라를 지키는 군대조직이나 행정과 정치를 관할하던 국가기관에서나 여러 사람들이 함께 일했을 뿐이다. 그런 조직에서만이 리더가 존재했다.

그런 이유로 지난 몇 세기 동안 리더십에 관한 연구나 글들은 모두 군대조직이나 행정조직을 움직이는 원리를 설명했다. 그런 이유로 과거의 리더십은 마키아벨리Machiavelli의《군주론 Il Principe》에서 그려지는 바와 같이 권력자의 통치기술 중 하나로 여겨지기 일쑤였다. 사실 당시의 리더들은 앞에서 '이끄는 사람'이라기보다는 위에서 '명령하는 사람'에 훨씬 가까웠다.

그런 흐름은 산업화가 되어 '기업'이라는 새로운 조직이 등장한 뒤에도 여전히 변하지 않았다. 산업화 초기의 공장형 기업들은 군대조직과 별반 다르지 않는 형태로 운영되었고, 또한 그렇게 운영되는 것이 빠른 성장에 도움이 되었기 때문이다.

그리고 20세기 후반부터 고도화된 산업사회로 이동하면서 전에 없던 새로운 노동자층이 등장했다. 새롭게 등장한 이들은 고학력과 지적 능력을 가진 노동자들로, '지식노동자'라는 이름으로 불렸다. 이들은 계급이나 신분의 사슬에 묶인 과거의 노동자들과 달랐고, 민주주의의 혜택 속에서 성장했다. 게다가 자본주의 사회에서 고학력을 이루었다는 것은 이들이 이미 중류 이상의 가정환경을 배경으로 가졌다는 증거이기도 했다.

이들 지식노동자들을 과거와 같은 방식의 상명하복 중심의 권위적인 리더십 아래에서는 가진 능력을 제대로 발휘하지 못하거나 조직에서 이탈하기 일쑤였다. 그리고 이제 지식노동자는 몇몇 특정분

야의 산업에서만 활동하는 사람들이 아니라, 거의 전 산업에서 필
요로 하는 사람들이 되었다. 이제 한국사회에서 과거와 같은 공장
형 산업은 쇠퇴하거나 해외로 이전하는 경향이 뚜렷하고, 지식노동
이 필요한 산업들이 주력산업이 되어가고 있기 때문이다.

깨달음에서 찾은
리더십

컴퓨터 소프트웨어 산업은 가장 먼저 지식노동자가 등장한 산업 중
하나다. 그렇기 때문에 CEO 안철수는 다른 어떤 사람보다도 수평
적 리더십에 대한 연구나 실행을 많이 할 수밖에 없었을 것이다. 안
철수연구소 창업 초기를 생각해보자. 이미 7년간 무료백신을 보급
해오던 프로그래머 안철수는 바이러스 백신 분야에서 최고의 프로
그래머였다. 그리고 새로 차린 회사의 직원들은 당연히 그보다 기
술적으로 뒤처진 상태였을 것이다.

만일 CEO 안철수가 명령이나 지시를 내려 업무를 진행시켰다면
회사 직원들이 안철수보다 더 나은 프로그래머가 될 수 있는 가능
성을 부러트리는 일이 되었을 것이다. 안철수가 시키는 일만, 시키
는 방식대로만 일을 해서는 안철수보다 나은 프로그래머가 될 수

없기 때문이다. 또한 바이러스는 전과 다른 방식으로 만들어지고 새롭게 진화하여 변종이 끊임없이 만들어진다. 바이러스가 나오던 초기에는 안철수 혼자서도 백신을 만들어낼 수 있었지만, 점차 늘어나고 다양해지는 바이러스의 등장은 백신의 개발에도 분업화와 전문화의 필요성을 가져왔다. 안철수는 뛰어난 개인 한 명의 능력으로는 컴퓨터 바이러스의 범람을 감당할 수 없는 시기가 도래할 것임을 내다보았다.

물고기를 잡아주는 것이 아니라 물고기 낚는 법을 알려준다는 말은 정확하게 지식노동자를 대하는 리더십에 해당하는 격언이다. 안철수의 부하직원으로 시작했더라도 그가 자신이 맡은 일에서 안철수보다 더 뛰어난 전문지식과 능력을 갖춘 인재로 거듭나야만 안철수연구소의 성공도 기대할 수 있었다. 이런 구조는 이전의 어떤 조직에서도 나타나지 않던 모습이었다. 물고기를 직접 잡아주는 식의 단순한 리더십으로는 조직원들의 능력을 키울 수 없다. 리더의 명령과 지시에 따라 답안을 채워나가기 시작하면 결국 조직원들은 문제를 푸는 능력을 잃고, 리더의 지시에 따라 움직이는 오퍼레이터가 되고 만다.

"저희 어머니께서는 어릴 때부터 저에게 존댓말을 쓰셨습니

다. 고1 때였나, 늦어서 택시를 타고 학교에 가야 했는데 어
머니가 저를 따라오셔서 '잘 다녀오세요'라고 하셨습니다.
그것을 들은 택시기사 분께서는 형수님이라고 생각했다가
어머니라는 걸 알고 나자 '어떻게 어머니가 존댓말을 하냐'
며 '어머니께 잘하라'고 하시더군요."

"저는 직원들 모두에게 존댓말을 썼어요. 부부싸움도 존댓
말로 합니다. 가장 힘들었던 게 군대에서 대위로 있었을 때
사병들에게 반말을 써야 하는 것이었습니다. 그래서 많이 쓴
말이 '이것 좀 해줄래……요?'였습니다."

안철수가 수평적 리더십에 대한 강연이나 기고를 하면서 처음
꺼내는 이야기는 자신이 회사 직원 누구에게도 반말을 사용하지 않
는다는 것이다. 안철수의 화법에 대한 에피소드는 상당히 재미있
다. 그는 텔레비전 예능 프로그램에 나와서 '어린 시절에 어머니께
서 내게 존댓말을 사용하셨다'고 털어놓았는데, 존댓말을 쓰는 것
이 몸에 배어 군의관으로 복무하던 시절에는 사병들에게 반말을 하
기가 어려워서 '이것 좀 해줄래요?'라는 식으로 말을 했다고도 한
다. 이러한 그의 습관은 회사를 차리고도 달라지지 않아서, 자신보

다 나이가 어린 직원에게 지시를 할 때도 꼭 존댓말을 사용한다고.

유교식 장유유서長幼有序의 정서가 깊게 뿌리 박혀 있는 우리나라에서는 수평적인 관계보다는 수직적인 관계 설정에 더욱 익숙하다. 이는 위계질서가 분명한 조직 내에만 국한되지 않는다. 여자 아이돌 가수로 구성된 리얼 버라이어티를 표방한 〈청춘불패〉의 첫회 방송에서는 나이와 관련한 흥미로운 장면이 나온다. 고정멤버로 결정된 8명의 여자가수들이 자신을 소개하며 서로 생년을 알아가는 과정에서 언니, 동생, 친구가 판가름나는 장면이었다.

우리나라 학제에서는 같은 나이라도 2월생과 3월생의 학년이 다르다 보니 나이를 밝히는 과정에서 1월에 태어난 사람은 위계를 어떻게 정해야 하냐며 일순간 묘한 긴장이 흘렀다. 방송에 데뷔한 시기가 몇 달 앞서거나 늦었다는 이유로 선후배가 갈리고, 고작 한 살 차이, 혹은 나이가 같더라도 학년이 다르다는 이유로 깍듯한 선배 대접을 요구받는다. 나이가 많은 사람은 어린 사람에게 반말이나 불공정한 행동을 해도 되며, 또한 나이가 어리다는 이유로 그런 비합리적 행위를 참고 견뎌야 하는 것이 통념으로 받아들여지는 것이 바로 우리 사회의 모습이다.

한 조직의 리더가 지위 고하를 막론하고 존댓말을 사용하는 모습을 보여줄 때 이것이 그 조직에 평등 지향적인 문화를 뿌리내리게 하는 데 미치는 영향력은 결코 작지 않다. 사장이 말단직원에게 존 댓말을 사용하는데 중간관리자가 부하직원에게 반말을 사용하거나 예의에 벗어난 행동을 하기는 어려울 것이다. 이렇게 나이나 직급에 관계없이 상호존중을 하고 존중을 받는 문화가 정착되면, 그 효과는 자연히 비즈니스에서도 나타난다.

우선 직급에 상관없이 좋은 아이디어나 기획안이 채택될 가능성이 높아질 것이다. 또한 나이가 어리거나 직급이 낮은 직원들도 업무 의욕을 가지고 자발적이고 적극적인 자세로 일을 할 것이다. 연공서열과 장유유서를 중시하는 조직에서는 만들어진 기획안의 품질보다는 누가 만든 기획인지가 더 중요하다. 심지어 직급이 낮거나 나이가 어린 사람은 기획안 제출의 기회조차 막혀 있는 경우도 많다.

농업이나 제조업과 같은 전통적인 산업에서는 이런 비합리적인 모습이 나타났다고 한다고 해도 그것이 일을 하는 데 그리 큰 장애요소가 되지는 않는다. 이런 산업에서는 경험 누적이 개인에게 가장 큰 자산이 되었기 때문이다. 경험치와 생산성은 정비례했다.

그러나 현대의 빠르게 변화되는 산업구조에서는 경험치에 대한 중요성이 약화된 대신 개인의 창의성이나 공동작업의 효율성이 더 중요해졌다. 더구나 안철수가 몸담은 소프트웨어 산업의 경우 지식노동자라는 단어에 가장 어울리는 사람들이 모인 조직이다. 이런 조직에서 수평적 리더십은 리더로서 필수적으로 갖추어야 할 덕목이라고 하겠다.

"리더십은 다른 공부와 다른 독특한 특성을 갖고 있습니다. 리더십에 대한 책을 많이 읽고 내용을 다 암기한다고 해서 리더십이 생기지는 않지요. 머리에 담는 지식만으로는 리더십이 만들어지지 않는 거죠. 리더십은 어떤 기회를 통해 깨달아야만 얻을 수 있어요. 깨달으면 생각이 바뀌고, 생각이 바뀌면 행동이 바뀌고, 행동이 바뀌면 운명이 바뀝니다."

국사시간에 배운, 불교의 교파가 '지식의 교종'과 '깨달음의 선종'으로 나뉜다고 했던 대목이 생각나는 언급이다. 여기서 안철수가 행간에 숨긴 이야기는 아마도 경험의 중요성에 대한 강조일 것이다. 지식은 학습을 통해서 배울 수 있지만, 리더십은 기회를 통해서만 깨달을 수 있다. 책이나 강의로 배울 수 있는 것이 아니라 실제 어떤 상황에 닥쳐야 깨달을 수 있는 기회가 오기 때문이다.

행복해서 웃는 것이 아니라, 웃어서 행복하다는 말이 있다. 이 말을 조금 바꾸어보자. '존중하기 때문에 존댓말을 사용하는 것이 아니라, 존댓말을 사용하니 상대방을 존중하게 되더라'라고 바꿔서 읽어보자. 형식과 내용은 분리되기 어렵다. 리더로서 반말과 막말을 사용하면서 입으로만 수평적, 자발적임을 강조한다면 이것이 나머지 조직구성원들에게 스며들 리 없다.

이미 사람들은 학교나 군대와 같은 닫힌 사회에서 창조, 자유, 민주라는 단어를 구호로만 외칠 뿐, 실제로는 복종과 답습을 더 중시한다는 것을 경험적으로 알고 있다. 어떤 일을 성공시켰더라도 시킨 대로 하지 않았을 경우 비난을 사고, 실패했더라도 시킨 그대로 일을 했다면 관대한 처분을 받는 조직이 많다. 이런 문화가 바뀌지 않는 한 급훈이나 사훈에 '창조'라는 단어를 사용한들 아무 소용이 없다.

소프트웨어 벤처기업을 창업하려고 보니 수평적 리더십이 필요해서, 평소 반말과 막말을 서슴없이 사용하던 사람이, 갑자기 모든 사람에게 존댓말을 쓰면서 상대방의 말과 의견에 경청을 하게 될 수 있을까? 물론 세상에는 불가능은 없다고 하지만 이런 일은 거의 불가능에 가까울 것이다. 이미 안철수 개인이 일상의 생활에서 타인에게 존댓말을 사용하는 것이 익숙하고 몸에 배어 있었기 때문에 창업 이후에도 그런 모습을 보여줄 수 있었을 것이다.

"우리는 항상 사람을 만나면 학번을 물어요. 위인지, 아래인지 서열을 알아야 마음이 편하기 때문이에요. 수평적 세상에서는 그런 게 장애 요인이 됩니다. 이제는 위나 아래가 아니라 나와 동등한 관계로 상대를 볼 수 있어야 합니다. 이를 토대로 상대의 장점을 살리는 방향으로 가야 해요."

내가 먼저 모범을 보여라

현대에 와서 수평적 리더십이 강조되는 이유는 앞서 말한 대로 지식노동자로 변화된 지금의 조직원들로부터 '자발적인 참여'를 이끌어내기 위해서다. 강압적인 명령이나 돈으로도 사람들의 참여를 이끌어낼 수는 있겠지만 마음에서 우러나온 자발적인 참여와 그 지속시간과 정성이 같을 수는 없다. 주식투자자로도 유명한 박경철과 개그맨 김제동과 함께 한 청춘콘서트에서 나온 김제동의 리더십에 대한 이야기를 먼저 들어보자. 안철수가 말하는 리더십 얘기를 듣고 있던 김제동은 유명한 방송 진행자들이 초대손님으로 나온 연예인의 안경을 어떻게 벗기는지에 비유하여 '안철수식 리더십'을 이해하기 쉽게 설명했다.

현대의 기업조직은 과거의 조직과 다른 점이 많다. 과거의 조직에서는 명령에 대한 복종이 중요했다. 산업혁명 이후 공장 위주로 재편된 산업현장에서도, 군대나 관료조직보다는 덜하지만 상부의 지시는 거의 무비판적으로 수용되었고, 명령을 어긴다는 건 생계수단인 직업을 잃는다는 의미로 이해되었다. 그러나 현대의 산업구조에서 과거와 같은 방식으로 명령을 내리는 수직적 리더십은 효과가 작다. 더구나 지식노동자라고 분류되는 계층의 경우 예전보다 부담 없이 전직과 이직을 감행한다.

이런 상황 속에서 리더가 조직원들로부터 신뢰와 리더십을 얻을 수 있는 방법은 무엇일까? 우선 리더로서 공정한 평가와 보상제도를 마련한다면 조직원들이 리더를 믿고 업무에 참여할 것이다. 미래에 자신들의 공헌에 대한 보답을 받으리라는 믿음, 더 좋은 기회가 올 것이라는 비전을 보고 참여를 하게 된다. 그리고 또 한 가지 방법은 리더가 먼저 일하는 것을 보여주는 것이다. 앞에서 말한 평가와 보상이 미래에 일어날 일에 대한 기대라면, 일하는 리더의 모습은 현재의 모습이다.

> "아이들에게 공부하라고 말하기는 쉽다. 그런데 말만 해서는 잘 듣지 않는다. 아이들을 공부하게 만들려면 부모가 공부하면 된다."

위의 인용문은 안철수가 텔레비전에 출연해서 자녀교육에 대한 이야기를 하면서 한 발언이다.

안철수연구소가 세워질 당시 창립멤버는 겨우 3명이었다. 이미 7년 동안 바이러스 백신 프로그램을 무료로 제공하고 있던 안철수에게 먼저 일하는 모습을 보여주는 것은 가장 쉬운 일이었을지도 모르겠다. 당시 그는 우리나라에서 가장 뛰어난 백신 관련 프로그래머였기 때문이다. 안철수연구소의 성장은 마치 무림의 고수가 제자들을 받아들여서 하나의 문파를 만들어가는 과정과 흡사했고,

이런 상황에서 일에 대해서 가장 많이 알고 있는 사람 역시 사장인 안철수였을 것이다.

그리고 안철수연구소 창업 초기, 사장실도 없이 구석에 책상, 그 옆에 손님용 의자 하나를 놓고 업무를 보던 '사장' 안철수는 회사에서 가장 늦게까지, 가장 열심히 하는 '직원'이기도 했다.

사장 안철수에 대한 일화로는 운전기사 없이 직접 운전을 하고 다니던 모습도 전해진다. 운전이 매우 서툴렀던 팀장과 함께 거래처를 방문할 일이 있을 때, 운전석에 앉는 건 늘 안철수였다. 팀장은 당시 안철수가 운전하는 차에 동승하고 거래처 건물에 들어서면 옆자리에 앉은 자신에게 경비원들이 인사를 해서 난처한 적이 많았다고 회고했다. 이에 안전을 위해서라도 운전기사를 채용하자고 건의하면, 안철수는 운전기사 대신에 일반업무를 맡을 직원을 뽑으라며 계속 거절을 하여 결국 운전기사는 채용하지 못했다는 일화다.

관리자는 일을 바르게 하지만, 리더는 바른 일을 한다

관리management는 20세기 경영의 핵심이다. 기업가들과 직장인들은 시간을 관리하고, 인맥을 관리하고, 업무를 관리한다. 대학의 경영학 과목 중에서 '관리'라는 단어가 붙지 않는 과목이 거의 없을 정도다. 그런데 안철수는 '리더십'을 과감히 관리의 반대편에 놓았다. 앞에서 그가 말한 대로 현장에서 일하기는 정말 어렵고 힘들다. 경험이 많고 이미 지식이 있는 리더의 입장에서 보면 눈앞에 뻔히 보이는 아주 쉬운 일을 아주 어렵게 처리해야 하기 때문이다.

관리를 리더의 지시에 따르는 팀을 만드는 과정이라고 한다면, '안철수 리더십'은 조직원 스스로 생각할 줄 아는 팀을 만든다는 의미다. 관리는 관리자가 부재하면 기능이 멈추거나 오작동을 한다는 의미도 되기에 안철수는 리더가 부재하더라도 타격을 받지 않는 조직을 만들고자 했다. 관리는 리더가 생각하고 목표에 둔 바로 그 결과물을 만들기 위해서 존재한다. 반면 '안철수 리더십'에 의해 돌아가는 조직에서는 리더의 의도와는 다르거나 전혀 뜻밖의 결과물이 나오기도 한다.

"리더십을 한마디로 정의하기는 어려워요. 대비되는 개념을 먼저 살펴보면 이해하기가 훨씬 쉽죠. 리더십과 대비되는 말은 관리예요. 과연 리더와 관리자의 차이는 무엇일까요? 관리자는 주어진 시간에 주어진 돈으로 주어진 목표에 도달하는 사람이에요. 반면 리더는 결과가 동일할지 모르지만 목표를 이루는 과정에서 구성원의 자발적인 참여를 이끌어내는 사람이죠. 관리자는 일이 중심이고 사람은 수단이라고 믿지만, 리더는 항상 사람을 중심에 놓습니다. 관리자는 자신이 답을 내고 결정하지만, 리더는 좋은 질문을 던져 구성원들이 스스로 답을 찾아내게 합니다."

좋은 질문을 던져서 구성원 스스로 답을 찾게 만드는 과정은 시간과 인내가 요구된다. 생존이 불투명한 벤처기업으로서는 시도하기 어려운 호사스런 경영철학일 수 있다. 그리고 이와 같은 경영철학은 최고경영자가 직접 실천하지 않는다면 회사의 정신으로 자리잡을 수 없다. 이런 능동적인 조직을 만들기 위해서는 무엇보다도 리더의 의지가 필요하다. 그리고 안철수는 다음과 같은 말로 어려운 길을 선택한 이유를 설명한다.

"항상 보면 어려운 방법이 최선인 경우가 많더라고요."

쉬운 방법이 아니라 어려운 방법이 길게 봐서는 최선의 방법이라는 안철수의 말은 경험을 통해 얻은 통찰로 보인다. 같은 이야기를 다른 교수가 이야기했다면 '현실의 물정을 모른다'고 폄하했을

지도 모르겠다. 하지만 안철수의 말은 '월말만 되면 은행을 돌아다니며 어음깡을 하던' 경험을 하고 나서도 할 수 있는 이야기라서 믿을 수 있다. 물론 어떤 경우에나 항상 수평적 리더십이 옳다고는 할 수 없다며 안철수 스스로도 경계를 늦추지 않는다.

> "나는 기본적으로 수평적 리더십에 편중되어 있는 사람이기 때문에 수평적 리더십의 단점을 다 가지고 있다. 나 개인의 단점보다 수평적 리더십의 단점을 찾으면 엄청나게 많이 보일 것이다. 예를 들면 속도가 느리고 체력 소모가 많을 수밖에 없다. 요즘 젊은이들이 워낙 수직적 리더십에 식상해서 수평적 리더십을 갈구하지만 그 어느 것도 절대 우위에 있지 않다. 전쟁이 나면 수직적 리더십밖에 없다. 상황에 따라서 정답이 다르고 서로가 상호보완적 관계다."

속도가 느리고 체력 소모가 많을 수밖에 없다고 수평적 리더십의 약점을 고백하는 장면에서는 안철수가 속으로 삭히면서 고민한 흔적이 보인다. 그럼에도 그는 스스로를 수평적 리더십에 편중되어 있는 사람으로 평가했고, 그것으로 얻을 수 있는 강점을 놓을 생각이 없는 듯이 보인다.

위의 말에서 짐작할 수 있는 안철수의 또 다른 장점은 자신의 수평적 리더십이 최선이며 유일한 선택의 길이라고 생각하지 않는다는 점이다. 자신이 가진 생각이나 방법에도 단점과 약점이 있고, 상황에 따라서 보완적이라는 유연한 사고 역시 책상물림의 학자 출신으로는 드물게 볼 수 있는 유연한 사고방식이라 하겠다.

CEO는 바늘 떨어지는 소리도 듣는 사람

안철수는 프로그래머 시절부터 언론의 관심대상이 되어왔지만 보다 집중적인 관심을 받기 시작한 것은 CEO가 되고 난 이후다. 그렇기 때문에 안철수의 인터뷰나 책에서도 주로 기업의 CEO로서 해온 일들에 포커스가 맞춰져 있다. 만일 그가 언론에 매우 자주 노출된 스타 CEO이면서도 운영하던 기업의 성과가 보잘것없거나 파산을 했어도 이렇듯 관심을 받았을까?

2000년 안철수는 자사 광고에 머리를 염색하고 등장한 적이 있다. '안철수컴퓨터바이러스연구소'가 '안철수연구소'로 사명을 변경하면서 회사의 변화를 효과적으로 알리기 위해 선택한 방법이었다.

당시는 벤처기업의 붐이 일어날 때라 안철수연구소 외에도 많은 벤처기업들이 세간의 주목을 받고 있었다. 기술력이나 기업의 핵심역량으로 차별화를 이루지 못하던 많은 기업들이 PI President Identity 라는 새로운 마케팅 기법을 광고에 동원하는 것을 쉽게 볼 수 있던 시절이기도 했다. 안철수연구소가 사명에 대표의 이름이 들어갈 정도로 대표 개인의 브랜드와 밀착해 있다 보니 대표의 개인적인 캐릭터를 강조하여 회사의 인지도와 이미지 구축을 손쉽게 이룩하겠다는 전략이었다.

최근에도 금융회사의 광고나 몇몇 기업의 홍보에 해당기업의 CEO가 직접 나서서 소비자들에게 좋은 이미지를 심어주는 사례가 왕왕 있다. PI라고 이름 붙인 마케팅 기법은 지금도 효과적이라고 여겨지는 방법이지만 2000년 당시, 특히 정보통신업계의 벤처기업에서는 PI 마케팅이 큰 유행이었다.

인츠닷컴의 이진성 사장은 수퍼맨 복장을 하고 광고에 출연한 바 있으며, 드림위즈 이찬진 대표나 김병진, 김홍선과 같은 당시 촉망받던 벤처기업 대표들이 광고 전면에 나서는 경우를 매우 흔하게 찾아볼 수 있었다. 10년이 지난 현재 안철수연구소는 그 기업들 중에서 가장 주목받는 성과를 만들어내며 중견기업으로 우뚝 서 있다. 그는 '경영자' 혹은 '기업가'라는 자신의 본업을 무엇이라고 생각했는지 조금 살펴보자.

"기업가 하면 떠오르는 이미지가 무엇인가? 기업가는 무조건 위험을 즐기고 위험만을 감수하는 사람Risk Taker 만으로 이해하는데 그것은 아닌 듯하다. 제대로 된 기업가는 무조건 위험한 것이 아니라 리스크 매니저Risk Manager 이거나, 계산된 위험만을 감수하는 사람Calculated Risk Taker 라고 할 수 있다."

"CEO가 정말 경계해야 할 것은 자기를 둘러싼 만족의 소리가 아니라 드러나지 않는 '불만족의 침묵'이다. 이것은 누구의 말을 빌리자면 바늘이 떨어지는 소리를 듣는 것과 같은 예민함이 요구되는 부분이다. 나도 사실 이 부분에 대해서는 해도 해도 모자란다는 생각을 한다."

"더 열심히 일하는 사람들, 끈질긴 사람들이 기업가가 된다. 성공하는 사업을 보면 짧으면 5년, 길면 10년이다. 실패는 1년 안에 볼 수 있다. 실패는 빠른데 성공은 본질적으로 시간이 많이 걸린다."

모두 공감이 가는 말이다. 월급을 주는 사람 앞에서는 누구나 좋은 소리만을 하려 드는 것이 인지상정이다. 불편하거나 약점이나 위험에 대해서는 잘 이야기하지 않는다. 나쁜 소식을 이야기하는 사람에게 바로 나쁜 이미지가 덧씌워지기 때문이다. 고대 그리스에서는 승전보를 가져온 전령은 후한 호사를 누렸고, 패전보를 가지고 온 전령은 사형을 당했다고 한다. 승리나 패배가 전령의 책임이 아니었음에도 상반된 소식은 전령의 운명을 가를 정도로 결정적으로 작용했다.

영국의 극작가 셰익스피어Shakespeare도 희곡 〈안토니우스와 클레오파트라Antony and Cleopatra〉에서 이렇게 말했다. "정직하다는 소릴 들을지는 몰라도, 나쁜 소식을 전달하는 것은 결코 좋은 게 아니다. 항상 좋은 소식을 말하도록 하라. 나쁜 소식들은 다만 그들이 스스로 느껴지도록 해야 하느니."

이처럼 동양과 서양을 막론하고 나쁜 소식을 윗사람에게 전달하는 일은 누구나 하기 싫어하는 일이다. 그런 이유로 조직의 윗선에서는 현장의 나쁜 소식을 전달받지 못하거나 왜곡되어 전달받는 경우를 아주 흔히 볼 수 있다. 안철수가 이야기한 '바늘 떨어지는 소리'는 바로 이런 조직원들이 말하려 들지 않는 이야기를 들을 수 있어야 한다는 의미다.

창업을 했으나 아직 성공하지 못한 사람들에게는 안철수의 말에서 약간의 희망을 얻을 수 있을지도 모르겠다. 적어도 5년 이상이 필요하고 장기적으로 10년까지는 기다려야 사업에서 성공을 할 수 있다니 말이다. 실패를 하는 데 1년이면 충분하다는 말은 기업가의 조급증이나 위험을 제때에 인지하지 못했을 경우를 경고하는 말이 되겠다.

권한을 위임하는 것은 고통스러운 일이라고 안철수는 표현했다. 직접 경험에서 우러나온 표현일 것이다. 기업가나 경영자뿐만 아니라 회사의 간부에 해당하는 직원들도 변화하는 자신의 직책에 적응하지 못하는 경우를 흔하게 본다. 부장이나 이사로 승진했지만 여전히 실무자처럼 작은 일에까지 간섭을 하는 간부들은 업무의 효율을 떨어뜨리는 주범들이다. 사실 주변의 많은 성실하고 능력 있는 사람들이 더 크게 성공하지 못하고 그저 전문 프리랜서나 소기업을 운영하는 것으로 그치는 큰 이유는 바로 권한 위임을 제대로 하지 못하기 때문이다.

창업자나 기업가가 창업을 하는 것은 돈을 더 벌기 위해서가 아니다. 창업이유를 묻는 질문에서 가장 많이 나온 대답이 '주도적으로 하고 싶은 일을 하기 위해서' 독립을 했다는 것이라고 한다. 그런데 기업의 규모가 커지면서 하고 싶은 일에서 손을 떼고 내키지 않은 다른 일을 맡아야 하다니, 창업자로서는 나름 좀 억울한 측면이 있을 수도 있다.

그러나 기업은 성장하고 있는데 리더는 가내수공업 시절에 머물러 있는 것은 변화에 역행하는 것일 뿐 아니라 기업에도 해가 된다. 물론 전문 경영인을 고용하거나 파트너십을 동원해서 경영은 제3자에게 맡기고 자신은 원하는 전문작업에 몰두하는 것도 나쁘지 않은 방법이다. 물론 그러다가 스티브 잡스 Steve Jobs 처럼 자신이 고용한 사장으로부터 쫓겨나는 일이 벌어지지 말라는 법도 없지만 말이다.

리더가 갖춰야 할
최고의 덕목 신뢰

직장생활에서나 사회생활에서 믿음을 주고받을 수 있는 사람들과
함께 일한다는 것은 엄청난 행운에 속한다. 대형서점에 가면 오래
된 것부터 최신의 경영이론까지 수백에서 수천 권의 경영학 책들
이 쌓여 있는 것을 볼 수 있다. 하지만 그 어떤 경영학 책에서도 리
더와 조직원 간에, 그리고 조직원 사이에 서로 믿음과 신뢰를 가지
고 일하는 조직의 힘을 설명하지는 못한다. 그것은 이론으로는 설
명하기 어려운 사람과 사람 사이의 관계 형성이다.

"리더십은 결국 사람과 사람의 관계 문제이며, 인간관계에
서 신뢰가 가장 중요하듯, 리더십에서도 신뢰의 형성이 가장
중요합니다. 신뢰를 얻기 위해서는 자신의 이익을 위해 상대
방을 이용하지 않겠다는 진실한 마음가짐이 선행되어야 합
니다. 또한 솔선수범을 통해서 스스로 일관성 있게 원칙을
지키고, 성실하게 상대방과의 약속을 지키는 모습을 보여주
는 게 필요합니다. 신뢰만 형성되면 리더십의 절반은 채워진
다고 생각합니다."

사악한 리더십 고전인 마키아벨리의《군주론》에 따르면, 군주는 사랑을 받는 존재가 되는 것보다는 두려움의 대상이 되는 것이 낫다고 했다. 밖으로는 다른 나라와 생사를 두고 싸워야 하고, 안에서는 반란이나 왕위 찬탈을 노리는 세력으로부터 자신을 지켜야 하는 그 시절의 리더십에서는 이보다 맞춤한 조언이 없었을 것이다.

굳이 마키아벨리를 언급할 필요도 없이 현대의 도시생활을 하는 직장인이나 비즈니스맨에게 '자신의 이익을 위해서 남을 이용하지 않겠다'라는 선한 생각을 하기란 참으로 어렵다. 무한의 생존경쟁에 노출된 자본주의 사회에서 우리 모두는 어려서부터 경쟁에 대한 강박관념을 가지고 산다.

어린 시절부터 남보다 앞서야 한다는 경쟁은 가정에서의 양육과 학교에서의 교육 모두에서 동시에 등장했다. 과도한 경쟁의식은 마치 다단계 판매나 피라미드 사기의 경우처럼 먼저 자리를 잡은 사람이 나중에 참여한 사람을 이용하는 모습으로 변질된다. 이에 이의를 제기하면 '너도 다른 사람을 이용해라'라는 대답이 돌아온다. '억울하면 출세하라'는 말은 너도 억울하면 권력을 쥐는 자리에 올라서 남을 이용하라는 말과 같은 의미다. 출세하지 않은 사람도 억울해하지 않을 수 있는 사회가 건강한 사회다.

리더십에 대한 안철수의 말을 읽어보면 그가 최근 정치권이나 시민사회로부터 차세대 정치인으로 큰 인기를 모으는 이유를 금세 깨닫게 된다. 정치권이나 경영자들 혹은 일상의 생활에서도 안철수 같은 사람이 드물기 때문이다.

그가 다른 인터뷰에서 언급한 대로, 지난 10여 년 동안 안철수의 말과 행동은 언론에 일일이 기사화되고 보도되었다. 만약 그의 말과 행동이 일치하지 않는 모습이 나타났다면 진작 매체를 통해 알려졌을 것이다. 이런 이유로 정치권에서는 '지난 10년 동안 세종대왕, 이순신 장군과 더불어 3대 위인으로 청소년들에게 소개된 인물'이라는 부러움 섞인 인물평을 내놓고 있다.

"20세기까지는 리더십이 카리스마가 있어 보이는 사람이 특정 지위에 올라 지위가 주는 고급 정보를 바탕으로 예산권이나 인사권을 행사하는 것을 뜻했어요. 리더로부터 리더십이 나온 거죠. 하지만 지금은 어떤 리더가 있다고 해서 모두가 무조건 믿고 따르지 않아요. 믿고 따라갈 만한 가치가 있는지 스스로 판단해 믿을 만한 사람일 때 따라갑니다. 이제 리더십은 구성원이 리더로 인정하고 선물로 주는 것이죠."

리더로서 안철수는 조직원들을 솔직함과 솔선수범 그리고 그들을 이용하지 않겠다는 마음가짐으로 대한다. 그리고 또 한 가지, 그들에게 리더십에 따를 것을 '요구'하지 않는다. 그들이 리더에게 리더십을 부여하는 것을 당연한 것이 아닌 고마운 '선물'로 여긴다고 그는 말한다. 요즘 말로 하자면 정녕 그는 쿨한 사람이다. 자신은 타인에게 해줄 것을 다하지만 그 반대급부를 요구하지 않는다. 이 같은 자세는 지금 대한민국 2040세대가 안철수에게 열광하는 이유가 된다.

■ ■ ■

그렇다면 안철수가 생각하는 리더십이란 무엇일까? 리더로서 안철수는 리더십을 조직원들이 리더에게 주는 '선물'이라고 정의했다. 월급을 지급하는 위치에 있기 때문에 주는 선물이 아니라, 구성원들 스스로의 판단으로 믿고 따를 가치가 있는 리더에게 부여하는 선물이라고 그는 생각했다. 그가 생각하는 리더의 개념을 그의 말을 빌어서 살펴보자.

"저는 모든 직원에게 존댓말을 씁니다. 회사에서 CEO는 제일 높은 사람이 아니라 단지 역할만 다른 사람입니다. 우리

는 다 수평적인 사람이고, 당신은 당신이 하는 일이 있고, 나
는 대외적으로 회사를 대표해서 하는 일이 있는, 역할 분담
만 다른 것이지 전혀 위에 있는 사람이 아니다…… 그게 제
가 가진 기본적인 생각입니다.”

CEO가 ‘직원들과 다른 일을 하는 또 하나의 조직원’이라는 관점
은 이전의 리더십에서는 상상하기 어려운 생각이었다. 대표와 직원
은 다른 역할을 하는 동등한 사람이라는 생각은 특히 민주주의 사
회에서 각광받을 수 있는 대표상이다.

“20세기와 21세기의 가장 큰 차이를 하나만 말한다면 탈권
위주의를 들 수 있어요. 과거에는 일부 계층과 전문가가 정
보와 권력을 독점해 자신들의 입맛에 맞게 가공된 것만 대중
에게 던져줬어요. 하지만 21세기로 넘어오면서 대중이 오히
려 더 많은 정보를 갖게 됐고, 적극적인 공유 움직임도 나타
기 시작했지요. 정보기술(IT) 분야에서 말하는 ‘웹2.0’이 바
로 그런 개념이에요.”

사회심리학 전공인 충남대학교 전우영 교수가 수업을 하던 중에

'리더십' 하면 떠오르는 인물을 말해보라고 학생들에게 질문을 했다. 그러자 학생들은 곧 이구동성으로 '안철수'라는 답을 내놓았다. 안철수 다음가는 인물을 말해보라고 하자 한동안 골똘히 생각하며 웅얼거리기만 할 뿐 그 다음 인물을 명확하게 말하지 못했다. 다음 인물로 '이순신'이라는 대답이 나오기까지는 한참의 시간이 흘렀다. 이 일로 전우영 교수는 이미 한국의 대학생들의 마음속에는 '리더십=안철수'라는 굳건한 공식이 자리 잡힌 듯 보였다고 술회하면서 사회심리학자로서 안철수라는 개인에 대해 큰 관심을 갖는 계기가 되었다고 말했다.

"기억연구에 따르면, 어떤 대상(예, 안철수)이 한 범주(예, 리더)와 강하게 연합되면 범주 내의 다른 대상(예, 이순신 장군)이 생각날 가능성은 감소된다고 한다. 따라서 리더십 강의를 듣고 있던 청중들이 '안철수'라는 대답을 한 후에 보여준 침묵은 그들에게 안철수와 리더라는 두 개의 개념이 매우 강하게 연합되어 있었을 가능성이 높다는 것을 보여주는 것이다."

우리나라 사람들의 머릿속에 리더십을 대표하는 것으로 자리잡은 안철수 리더십은 많은 관련자들이 연구를 더 해야 할 숙제로 보인다. 이제 안철수가 CEO나 교수가 아닌 직업적인 정치인으로 등장할지도 모르는 시점에서 그의 리더십은 새삼 더욱 주목을 받고 있다.

세 번째 걸음 사명감

세상에 무엇을 줄 수 있는지를 먼저 생각하라

사람들은 흔히 '모든 권리에는 책임이 따른다'라고 말한다. 물론 사람들은 어떠한 권리를 누리는 반대급부로 그에 따른 책임이나 의무를 짊어진다. 그러나 인간에게는 보다 높은 차원의 동기가 있어서 자신의 자유를 최대한으로 펼칠 수 있는 권리보다는 자신이 한 사회의 구성원으로서 역할을 잘해내는 것, 그 역할을 통해 사회의 발전에 기여하는 것에 더 큰 가치를 둔다. 그래서 어떤 일을 위해서라면 기꺼이 그 의무와 책임을 다하겠다고 생각하며 스스로를 희생한다.

어떤 사람들에게 사회는 국가의 경계를 벗어난 지구 전체가 되기도 한다. 그들은 기아와 질병으로 고통받는 아프리카 사람들을 위해 봉사활동을 떠나고, 지구의 환경오염과 생태계 파괴를 막기 위해서 많은 활동을 한다. 지구에 잠시 머물다 가는 유한한 존재인 인간은 후손에게 빌린 지구를 아껴 사용해야 할 의무가 있으며, 내 가족이나 내 나라 바깥에 존재하는 사람이라고 해서 나와 상관없이 살아가는 것도 아니다. 그러나 일회용품과 합성세제를 사용하는 사람들을 처벌하거나 제3세계의 기아 난민들을 돕지 않는 사람들을 비난할 수는 없다.

어떤 사람들에게 애국은 외화를 벌어들여 나라의 곳간을 살찌우는 일이다. 수출입국을 국시로 삼았던 시절 파독 간호사나 파독 광부들은 조국 근대화의 기수로, 7,80년대 중동에 건설 붐이 일었을 때에는 수십만의 건설노동자들이 사우디아라비아 등 중동에 파견되어 수출 역군으로 칭송받았다.

또 어떤 이들은 애국은 국방의 의무를 다하는 것이라면서 해외 국적이나 시민권을 포기하고, 있는 병을 치료해서 군대에 자진 입대한다. 반대로 종교적인 이유로 입대를 거부하고 재판을 받는 사람들도 있다. 그들에게 애국심이 없고 나라에 대한 사랑이 없어서일까? 그들도 나름의 애국심을 가지고 있다. 다만 그들이 양심에 따라 내린 결정을 대한민국 법은 양심의 자유에 속하는 것이 아니라고 보고 있는 것이 문제가 될 뿐이다.

긴 노동시간과 위험한 업무에 비해 턱없이 적은 급여를 받으며 자신의 일에 종사하는 사람들이 있다. 대표적으로 소방공무원들이 그들이다. 누구도 개인적으로 그들에게 화재를 진압하고 생명을 구할 책임이나 의무를 강제하지는 않는다. 그러나 그들은 자신들이 직업에 대한 사명감으로 이 일을 택했다고 말하며, 자신들의 직업을 자랑스럽게 여긴다.

국방의 의무나 납세의 의무를 회피하는 경우 법에 의해 처벌을 받는다. 하지만 사명감이 없다는 이유로 처벌을 받거나 비난을 사지는 않는다. 그저 평범한 소시민으로 살아갈 뿐이다. 우리는 소방공무원과 같이 사명감을 가지고 직업에 투신한 사람들에게 존경과 사랑을 보내지만, 그들에게 그 존경과 사랑은 일을 하는 목적이 아니다. 자신 속에 들어 있는, '스스로 짊어지겠다'고 마음먹은 사명감 때문이며, 존경과 사랑은 일에 대한 결과로 따라오는 부수적인 것이다.

재미와 열정은 사명감의 필요충분조건이다

이 책을 쓰기 위해 안철수가 직접 쓴 글이나 수많은 인터뷰와 강연자료를 읽으면서, 그가 진심으로 의사가 되고 싶었던 건 아니었 구나 하는 지레짐작이 들었다. 그는 알려진 바와 같이 소심하고 내 성적인 성격이다. 그래서인지 뭔가를 좋아하면 무서울 정도로 그 것에 몰입한다.

학교를 졸업하고 의사로 생활했던 7년 동안 그는 새벽에 일어나 3~4시간을 컴퓨터 바이러스를 연구하는 데 쓰고, 백신 프로그램을 업데이트했다. 컴퓨터 잡지에 기고할 원고를 쓰고, 백신 사용자들 이 보내온 질의에 답장을 보내면서 그렇게 7년을 보냈다. 그 일이 재미있지 않았다면, 그리고 그 일을 하는 사람이 안철수가 아니었 다면 도저히 가능하지 않았을 일이었다.

의사를 그만두고 벤처기업을 창업하게 된 계기도 재미있다. 당 시 후원을 맡았던 한글과컴퓨터사의 관계자가 '의사는 바쁘지만 기업체 CEO는 여유가 있어서 책 읽을 시간이 많을 것'이라는 꾐 에 그만 넘어갔다는 것이다. 어느 정도는 과장이 섞인 표현이겠지 만 이 책을 쓰면서 책벌레 안철수의 면모를 확인하니 절로 고개가 끄덕거려진다.

창업 이후 코스닥에 상장하기 전까지, 매달 직원들의 월급을 지 급할 때가 되면 이 은행 저 은행으로 어음할인하기에 바쁜 시간을 보낸 뒤에야, 안철수는 비로소 그 말이 사탕발림이란 것을 깨달았다고 한다. 그 시절 안철수의 가장 큰 소망은 직원들 월급 3개월 치를 확보해놓는 것이라고도 했으니, 그 초조한 마음을 미뤄 짐작할 수 있다.

쉽게 갈 수 있었던 두 번째 유학조차 연구원이 아닌 일반석사로 다시 공부해서 들어간 것을 보면 공부에 대한 열정도 독서에 못지 않은 듯하다. 그런 안철수가 자신의 경력에서 단 하나 표현하지 않은 것이 의사로서 품은 의학 분야에 대한 열정이다. 물론 어떤 인터뷰에서 노벨상에 대한 언급을 한 바 있고 아내 김미경은 그가 지금처럼 공부하고 연구하다 보면 '내심 노벨상을 바라볼 수도 있지 않나' 하는 기대를 가졌다고 말하며 남편에 대한 존경심을 숨기지 않았지만, 의학이라는 학문이 그 자체로 안철수에게 탐구할 의욕과 동기를 불러일으키지는 못한 것 같다.

안철수가 열정을 가지고 달려든 일은 크게 두 가지로 나눌 수 있다. 이 다음에 설명할 부분인 책임감이나 사명감이 개입된 일이 그 하나이고(그는 자신에게 부과된 책임에 엄청난 부담을 느끼면서도 꿋꿋이 일을 해나갔다) 또 하나는 스스로가 재미를 느낀 일이다. 재미있다고 느낀 일에 대해서 그는 열정을 아낌없이 불살랐다.

"재미있게 일을 할 수 있다는 것에 큰 비중을 두지 않는 사

자신이 좋아하는 일에 빠져들어 그것을 직업으로 삼는 것만큼 행복한 일은 없을 것이다. 안철수의 개인사를 살펴보면 일정한 패턴이 보인다. 어떤 일을 시작하면 그 일에 재미를 느끼고 빠져들어 몰입을 한다. 그리고 일이 성과를 내면서 점차 사람들의 관심과 기대를 받기 시작한다. 그에 따라 사명감을 느끼고 사회적으로 공헌할 방법에 대해 고민한다. 처음 시작할 때는 재미가 90에 책임감이 10이었던 일이 점차 시간이 지나면서 역전되는 것이다. 그리고 재미가 불러일으킨 열정이 많이 줄어들고 사명감에 따른 부담이 늘어날 무렵, 또 다른 재미를 주는 새로운 일을 찾아나서는 것처럼 보인다.

프로그래머에서 기업의 CEO로 그리고 다시 경영학 교수로의 변화는 이와 같이 설명할 수 있다. 섣부른 짐작이지만 의학 분야만이 유일하게 재미에서 시작한 것이 아니라 주위의 기대에 부응하기 위한 사명감으로 시작한 직업으로 보인다. 그가 청년들과 만남의 자리에서 한 "보장된 미래보다는 좋아하는 일을 택하라"고 한 말은 안철수 개인의 삶에 비춰보면 더욱 의미심장하게 들린다.

서울대 의대 출신의 20대 의대 학과장이란 자리는 '보장된 미래'라는 단어와 맞춤한 듯이 어울린다. 연구논문을 인정받고 경력을 쌓아가면 의학 분야에서 탄탄한 입지를 다질 수 있는 위치다. 그러나 벤처기업의 대표는 자칫 부도라도 나면 졸지간에 범법자 신세가 될 수도 있는, 직업 중에서는 가장 위험도가 높은 직종에 속한다. 부족한 사업자금에 집안 살림을 거덜내거나 가족들까지 고생을 해야 할 각오가 필요하며, 그가 말해온 것처럼 벤처의 99%는 실패로 끝나는 것이 현실이다. '보장된 미래'과 '좋아하는 일'의 선택이라는 면에서 보면 안철수처럼 자신의 말을 몸으로 실천한 경우도 찾기 힘들다.

"단순히 전망 때문에 직업을 선택하면 불행합니다. 그 직업을 통해 재미를 느끼는 것이 가장 중요하죠. 재미를 느끼면, 잘하게 되고 자연스레 경쟁력이 생깁니다. 그 일을 통해 나의 행복지수가 올라간다면 금상첨화 아닐까요?"

한국 경제규모가 커지면서 아이러니하게도 젊은이들의 꿈은 작아지고 있다. 장래희망을 물어보면 '대통령'이라고 말하던 아이들은 '연예인'이라는 대답을 더 많이 내놓으며, 공무원 시험을 준비하는 대학생들의 숫자는 갈수록 늘어나고 있다. 일반기업에 입사한 젊은이들도 빠른 승진보다는 오래 다닐 수 있기를 원한다고 대답하며 쪼그라든 꿈의 크기를 적나라하게 보여준다.

외환위기와 금융위기를 거치면서 20대들의 꿈에 '정규직'이 포함되었다는 말은, 그들 태반이 낮은 급여를 받는 비정규직 일자리에서 불안한 현실을 이어가고 있는 현실을 들여다보면 농담으로 들어넘기기 어렵다. 최근에 두드러지는 또 하나의 현상은 직장을 구한 후 1년 안에 그만두는 경우가 크게 늘었다는 점이다. '보장된 미래'를 보고 결정한 취업이었지만, 실제로 직장생활을 해보니 일에 전혀 재미를 느낄 수 없었기 때문에 중도 포기하는 사례가 늘고 있다.

여자는 사랑하는 사람을 위해 화장을 하고, 선비는 자신을 알아주는 사람을 위해서 죽는다고 했다. 그리고 여자나 남자나 선비를 가리지 않고 자신이 좋아하는 일이라면 돈을 받는 것이 아니라 돈을 주고서라도 일을 하고 싶어 하는 것이 사람의 심리다. 실제로 '취미'라는 이름으로 사람들은 자신이 좋아하는 일을 하기 위해서 기꺼이 돈과 시간을 지불한다. 자전거를 타고 산을 넘고, 낙하산에 의지해서 산에서 뛰어내리기도 한다. 또 누구는 바다 깊은 곳까지 내려가 잠수를 하고, 또 다른 이는 장비를 최소화한 채 암벽등반에 나서기도 한다. 생활과는 무관하더라도 자신에게 즐거움을 줄 수 있는 일이라면 망설이지 않고 뛰어들 수 있을 만큼, 재미는 어떤 일을 시작하는 중요한 동기가 된다.

"그렇게 참으면서 행복하냐고 물으시는 분들이 있더라구요. 그래서 그 질문 받고 생각해봤는데요. 제가 참으면서 산 기억이 없더라고요. 사람이 1, 2년은 참아도 20년을 어떻게 참겠어요? 전 오히려 마음 편한 대로 산 타입이거든요. 오히려 저는 정말 돈보다 명예가 중요하고 명예보다 제 마음 편한 게 더 중요해요."

위의 발언은 그가 2009년 〈무릎팍도사〉에 출연했을 때 한 말이다. "20년을 어떻게 참겠어요?"란 그의 말에서 작은 힌트를 얻을 수 있다. 익히 알려진 대로 안철수는 1988년 최초의 백신 프로그램인 V1을 개발한 뒤로 7년간 의사와 프로그래머라는 두 가지 직업에 종사하며 다른 사람의 두 배로 인생을 살아왔고, 마침내 의사직을 버리고 안철수연구소를 설립했다. 그 시간을, 안철수는 애써 참은 적 없이 마음가는 대로 편하게 살았다고 회고하고 있다.

물론 그가 말하는 '마음 편한 삶'이란 온전히 그 혼자 편안함을 누리고 주변 사람들에게 폐를 끼치는 그런 종류의 것이 아니다. 그는 자신이 마음가는 대로 살아왔다고 말하지만 그의 마음은 늘 '자기 자신'보다 '우리 모두'를 향해 있었다.

> "효율성 측면에서 보면 저는 가장 비효율적인 사람이죠. 효율적인 면만 따진다면 저 같은 삶은 '실패한 인생'이라 봐야 하거든요. 그런데 인생은 효율성이 다가 아닌 것 같아요. 그래서 자기가 정말로 맞는 분야를 찾기 위해서 쓰는 시간은 저는 값진 시간 같습니다."

자신이 의대를 졸업하고 전문의를 따고 나서 프로그래머로서, 벤처기업가로서 살아온 삶의 모습을 스스로 그는 이렇게 정의했다. '비효율적이지만 삶에서 효율성이 전부는 아니다'라고. 80학번인 안철수는 의학공부를 시작한 지 10년 만에 의대 학과장이 되었지만, 1995년 결국 안철수연구소라는 불안한 길에 자신을 내맡긴다. 약 15년 동안의 기간을 그는 '자기에게 정말로 맞는 분야를 찾기 위해서 애쓰는 값진 시간'으로 여기는 듯하다.

그리고 그가 찾아낸 '자기에게 맞는 분야'는 '내가 높이 올라가는 성공'이 가능한 분야가 아니라 내가 하는 일이 '내 주변과 사회에 조금이라도 도움을 수 있는' 분야였다. 그렇기에 어떤 일을 선택하기까지 그토록 오랜 고민의 시간이 필요했던 것이다.

나에게 일어난 일의 대부분은
나에게 책임이 있다

인생의 커다란 사건보다는 작고 소소한 에피소드를 보면 한 사람을 잘 알 수 있는 기회가 보인다. 안철수의 운전습관은 주변 사람들에게 잘 알려져 있다. 그는 출발을 하기 전에 지도를 들고서 목적지까지의 길을 꼼꼼히 들여다본 후에야 출발을 한다. 마치 모범생의 전형 같은 모습이다. 그런 그가 대학교 시절 운전면허 필기시험을 치렀을 때의 에피소드가 재미있다. 그는 단순히 운전면허 필기교본을 '공부'한 정도가 아니라 전체 문항을 모두 외워 만점으로 합격을 했다.

"서울대 의대생이라면 으레 만점을 받을 거라고 기대하는

주변 사람을 실망시킬 수 없어서…… (중략) '귀찮더라도 차
라리 내가 좀 고생하고 말지'라고 생각했다."

하지만 누구도 그에게 "서울대 의대에 다니는데 운전면허 필기
시험 정도는 만점을 받아야지 않겠어?"라고 입 밖에 내어 말하지는
않았을 것이다. 그럼에도 안철수는 자신에게 작은 굴레를 씌워 부
담감을 짊어진 채 면허시험 교본을 모두 외워버렸다. 그러고는 '내
가 좀 고생을 하고 말지'라고 생각한다. 누구도 그에게 그런 고생을
요구하지 않았음에도 말이다. 이런 모습은 특히 바이러스 백신 개
발 초기에 자주 나타난다. 본업인 의사와 의대 교수의 업무를 소홀
히 하지 않으면서도, 그는 매번 사람들과 약속한 업데이트 기간에
맞추어 백신을 개발해서 무료로 공개했다.

나는 만일 그 백신개발이 돈이 크게 되는 일이었다면 안철수가
7년이나 혼자서 계속 진행하지 못했을 것이라 생각한다. 그의 백
신 무료 보급은 당시 바이러스 때문에 어려움을 겪던 수많은 PC 사
용자들에게는 한 줄기 빛이나 다름없었다. 우리나라에도 이런 일
을 무료로 해서 공개하는 멋진 사람이 있다는 것에, PC통신의 게
시판마다 개발자에 대한 고마움을 말하는 글로 도배가 되곤 했다.
특히 의사인 그에게 '바이러스'라는 이름이 붙은 프로그램을 치료

하는 '백신' 프로그램의 개발은 일종의 사명감을 주었을 것으로 짐
작할 수 있다. 만일 안철수가 해야 했던 프로그래밍의 분야가 게임
이나 전자음악, 3D 그래픽이었다면 그는 그토록 열정적으로 나서
지 않았을 것이다.

안철수의 지난 20년 동안의 변화와 행보를 보자면 세 가지 키워
드로 요약된다. 위에서 말한 '재미', '능력' 그리고 중요한 것이 바
로 '보람'이다. 보람은 달리 설명하자면 공공의 이익에 공헌한다거
나, 그런 공헌을 통해서 사회적인 명예를 얻는다는 말로 표현할 수
있다. 앞에서 말한 대로 의사 안철수가 아무리 게임이나 음악에 재
미를 느끼고 재능이 있다고 판단했더라도 그것이 사회에 공헌하는
활동이 되지 못한다고 생각했다면 그는 즐거움을 주는 취미 정도
로 여기고 그토록 몰두하지는 않았을 것이다.

기독교를 믿는 사람들은 '모태신앙'이란 표현을 자주 사용한다. 네티즌들 사이에서는 이를 패러디한 '모태솔로', '모태미녀' 같은 유행어가 인기다. 안철수가 걸어간 계단을 뒤따라 걸어가다 보면, 그는 이 사회에 대한 사명감을 최대치로 부여받은 '모태사명감'의 소유자가 아닌가 하는 생각이 들 정도다. 안철수 인생의 여러 모습을 쉽게 풀 수 있는 만능키워드가 있다면 바로 '사명감'이란 단어가 될 것이다. 의사를 버리고 프로그래머로, 벤처CEO로 변신한 것이나, 다시 학생으로 돌아가 경영학을 공부하고 와서 교수가 된 것, '청춘콘서트'라는 이름으로 전국을 누비면서 어눌한 말주변으로는 어울리지 않은 토크쇼를 여는 모습도 사명감이라는 코드를 적용하면 쉽게 이해된다.

르거든요. 하고 싶은 일이라고 해서 그 일을 잘할 수 있는 것은 아닙니다. 저 역시 백신을 개발하는 일을 직접 해보고 나서야 내가 정말 잘할 수 있는 일인지 알게 됐어요."

'내가 좀 고생을 하고 말지'라든가, '내가 아니더라도 의학연구는 지장이 없겠지만 백신 개발은 그렇지 않았다'라는 그의 말을 보면 안철수의 성향을 어렵지 않게 파악할 수 있다. 앞절에서 언급한 것처럼 2000년에 그의 회사는 '안철수컴퓨터바이러스연구소'에서 '안철수연구소'로 회사명을 바꾸게 된다. 바이러스 백신 회사에서 종합 보안관리 회사로 변화를 꾀하기 위한 사명 변경이었다. 회사의 홍보부서에서는 잘 알려진 안철수 대표의 얼굴을 이용해 사명이 변경되었음을 알리는 홍보 활동을 하려고 했다. 그 결과로 나온 것이 '안철수가 변했다!'라는 카피가 인쇄된, 무지갯빛으로 염색한 안철수의 사진을 이용한 광고다.

이 아이디어에 대해서 안철수 본인은 극구 사양을 했지만, 회사 홍보팀에서는 안철수가 최종적으로는 동의할 것을 알고 있었다고 한다. 그를 움직이는 '매직 키워드', "회사를 위해서 꼭 필요합니다"라고 말하자 그는 더 이상 거절하지 않고 염색을 하고 카메라 앞에 섰다.

CEO 안철수를 움직이는 가장 좋은 방법은 돈이나 다른 무엇보다도 '당신이 아니면 안 된다'라거나 '지금 당신의 자리에서 꼭 해야만 하는 일이다'라는 '의무'를 강조하는 것이다. 이러한 자신의 성향을 스스로도 잘 알고 있는지, 자신의 이 점을 목표달성을 위한 수단으로 사용하기도 했다고 스스로 말한다. tvN의 시사교양 프로그램 〈백지연의 피플INSIDE〉에 출연한 안철수가 밝힌 공부방법을 들어보자.

"새로운 바이러스 백신이 나올 때마다 원리를 익혀야 하지만 시간이 충분치 못할 때가 많다. 그럴 때는 잡지사에 내가 먼저 전화를 걸어 잡지에 기고를 내겠다고 선수를 쳤다. 누가 먼저 글을 쓴 경우가 없는 기고이기 때문에 잡지사는 대개 '좋다'는 반응을 보인다. 이제 마감을 약속했으니 나로서는 잠을 줄이는 한이 있더라도 틈틈이 시간을 내 그걸 완성한다. 그렇게 해서 잡지사에 글을 주고 나면 고생에 몹시 찌들게 되지만 해당 바이러스에 관해서만큼은 해박해질 수 있다."

개인적인 약속도 아닌 잡지사와 공적인 원고 약속을 미리 해버리고 나서 나중에 공부를 해서 원고를 쓴다는 말이다. 데드라인 전략과 자신의 의무감을 첫 번째로 중시하는 성격을 결합한 절묘한 전략이라 할 수 있다. 2005년 두 번째로 미국 유학길에 올랐을 때도 비슷한 전략을 사용했다. 연구원 자격으로 청강을 할 수도 있었지만, 그는 다시 입학시험을 치르고 학위과정에 입학했다.

> "단순히 청강만 해서 들을 때는 다 알 것 같지만 나중에 남는 것이 별로 없다. 반면 학위과정은 교수들이 수업시간에도 혹독하게 가르치고 숙제와 팀 프로젝트, 시험 등을 치르기 때문에 이러한 과정을 거치고 나면 지식을 완전히 내 것으로 만들 수 있다."

약속이나 마감시한을 먼저 정한다. 혹은 그 일을 해내지 않을 수 없는 상황으로 자신을 내몰아 어쩔 수 없이 이루게 한다는 전략이다. 사람은 누구나 빠져나갈 틈이 보이면 쉬운 길로 가려 하기 마련이다. 사람이 기계나 컴퓨터가 아니기 때문에 당연한 일이다. 어떤 사람은 오히려 의무나 제한을 걸어두면 부담감 때문에 성과를 내지 못하는 경우도 있다.

하지만 안철수와 같이 다른 사람과의 약속이나 의무감을 중요하게 생각하는 사람은 이처럼 스스로 올가미에 자신을 묶어두는 전략이 효과가 있을 것이다. 스스로 자신이 어떤 성격인지, 어떤 가치관을 가지고 있는지를 잘 판단하여 그에 맞는 전략을 구사하면 성과를 만드는 데 도움이 될 것이다. 이러한 안철수의 올가미 전략은 많은 사람들에게 유용한 전략으로 보인다.

■ ■ ■

재미있는 일에 푹 빠져들기 위해서 필요한 조건은 한 가지뿐이다. 그러나 그 한 가지는 한국 사람들이 얻기 매우 힘든 것이다. 그래서 아마 한국인들이 아주 재미없게 살고 있는 것인지도 모른다. 재미를 얻기 위해서는 '남들의 시선이나 평가에 신경 쓰지 않는' 것이다. 안철수는 의대 학과장 자리를 버리고 벤처기업을 창업했고, 코스닥 상장기업의 CEO를 버리고 지겨운 공부를 다시 시작하기 위해 학생으로 돌아갔다. 주변 사람들의 시선이나 평가를 고려했다면 실행하기 어려운 일들이었다.

한국 사람들의 행복지수는 선진국 중에서도 꽤나 낮은 편에 속하고, 그 이유로는 남들의 시선을 지나치게 의식하는 문화가 꼽힌다. 행복하지 않은 이유를 모두들 정확하게 알고 있지만, 그로부터 탈출하려는 노력은 쉽지 않다. 재미나게, 행복하게 살고 싶은가? 그럼 지금 당장 주변 사람들이 나를, 나의 선택을, 나의 직업을 어떻게 생각할까에 대한 고민을 멈추라. 그리고 그 재미난 일을 당장 시작하라. 재미난 일이 행복한 삶을 보장하지는 못하지만, 재미난 일을 하지 못하는 사람은 절대로 행복해질 수 없다.

먼저 잡지사에 원고약속을 하고 나서 공부를 시작했다는 안철수의 말에서 나는 거꾸로 그가 나와 다름없는 인간일 수도 있겠다는 생각이 들었다. 처음 책을 쓰기 위해 안철수에 대한 자료를 수집하면서 이 사람에 대해 내가 무엇을 쓸 수 있을지가 무엇보다 큰 고민이었다.

숙제를 끝내기 전에는 절대로 놀러 나가는 법이 없고, 매일 예습 복습을 철저히 해놓아서 시험기간에는 오히려 할 일이 없는 그런 완벽주의와 자기절제로 단련된 강철 같은 사람이라면 오히려 평범한 사람들에게 자괴감과 거리감만 줄 텐데, 그런 CPU 내장된 컴퓨터 같은 사람에 대해 무슨 책을 쓸 수 있단 말인가.

그러나 안철수에 대한 자료를 읽으면 읽을수록, 가령 마감시한을 정해놓고 일을 시작한다든가, 서울대 의대생이므로 운전면허 시험조차 만점을 받아야 한다고 생각했다는 에피소드들을 읽으면서 그의 과도한 사명감에서 거꾸로 인간미를 느낄 수 있었다. 일부러 부산의 가난한 동네에 개업해 인술을 베푼 의사의 아들인 안철수는 주변의 기대에 대한 부담은 물론 자신이 받은 혜택을 사회에 돌려주어야 한다는 부채의식을 가지고 자랐다. 책을 다 쓰고 나서 내 눈에 보이는 안철수는 완벽하고 빈틈 없는 사람이 아니라 인간의 온기로 주변을 데우는, 보통 사람보다 커다란 사명감을 가진 성실한 한 인간일 뿐이다.

"성공을 100% 개인화하는 것은 문제가 있다. 머리가 좋고 개인적인 성공만 추구하는 사람이 우리 사회에 도움이 되는가를 심각하게 생각해봐야 한다. 내가 왜 이 일을 하는지에 대한 사명감이 중요하다."

도전

시도하지 않으면 기회는 없다

언론매체를 통해 안철수를 접하면서 처음 들었던 생각은 그가 이 시대를 살아가는 사람들이 되고자 하는 이상형이 집약된 인물이라는 것이었다. 서울대라는 학벌에, 성공한 창업자에, 미국 유학을 다녀온 교수라니, 엄친아도 이런 엄친아가 세상에 있을까 싶었다. 그런데 그에 대해 자료를 수집해 나름의 상을 갖게 되면서 점차 내 눈에는 〈무릎팍도사〉에 나온 그 '엄친아' 안철수가 아닌, (비록 광고용 사진 때문이기는 하지만) 무지갯빛으로 머리를 물들인 '반항아' 안철수가 보이기 시작했다.

아버지의 뜻을 미리 헤아려서 알아서 의대에 진학할 정도로 순응적으로만 보이는 안철수가 반항아라니? 하지만 안철수에 대한 세간의 평가가 대체로 얌전하고 샌님 같은 학자 타입 CEO로 굳어져 있는 탓에 그런 면이 더욱 부각되어 그렇지, 실행의 과감함만 본다면 안철수만 한 반항아도 드물다는 것이 내 생각이다.

서울대 의대에 진학한 그는 안정이 보장된 길인 전문의 과정에 들어가지 않고, 기초의학인 생리학을 전공으로 선택한다. 기껏 세상이 보장하는 안정된 길에 들어서자마자 불투명하고 고생스러운 연구자, 학자의 길로 샌 것이다. 의사는 개업을 통해 스스로를 고용할 수 있지만, 연구자나 학자는 누군가에게 고용되어야 연구를 계속할 수 있다.

안철수가 군의관으로 전역한 뒤 복직을 앞두고 대학에 기자재 구입을 요청하자, 대학에서는 그의 요청이 불만스러웠는지 묵묵부답으로 일관하는 것으로 대답을 대신했고, 이에 그는 벤처기업 창업이라는 가시밭길을 택하는 반항을 한다. 창업 후 미국의 맥아피 사에서 알려진 대로 천만 달러의 인수 제안을 해왔지만 역시 거절한다. 운영하던 기업이 코스닥에 상장되고 기반이 튼튼해질 무렵, 그는 CEO라는 자리에서 물러나 학생으로 돌아간다. CEO 사임을 발표한 뒤의 인터뷰를 찾아보면 안철수를 자주 접하던 기자가 놀랄 정도로 그는 자신의 사임을 '탈출'로 여기면서 기뻐하고 있다.

순하게 생긴 얼굴에 늘 엷은 웃음기를 머금은 모습이지만 '반항아' 안철수의 속마음에는 어떤 생각이 숨어 있는지 아무도 모른다. 2011년 서울시장 출마에 대한 소문이 무성할 때, 스스로 안철수의 멘토를 자임하던 윤여준 전 환경부 장관이 언론과의 인터뷰에서 그의 향후 구상에 대해 털어놓자 안철수는 '그분은 제가 만나는 많은 분들 중에 한 분'이라고 선을 그었다. 노회한 정치인인 윤여준에게는 매우 건방지게 들릴 수도 있는 발언이었다.

서울시장 출마를 고려하고 있다는 언론사 보도가 나온 후 즉시 행해진 여론조사에서도 당선은 정해진 것이나 다름없는 듯했던 높은 지지율에도 불구하고 안철수는 후보 자리를 박원순에게 양보하고 뒤로 물러난다. 원고를 한창 쓰고 있는 이 시점에도 '안철수의 정치적 멘토'를 자처하는 사람들이 2012년의 총선에 출마해 그의 정치적 역량을 검증받아야 한다고 훈수를 두고 있지만 그는 역시 '국회의원 출마를 하지 않는다'고 발표하며 자신의 뜻을 분명히 했다.

세상과 소통하는 가장 빠른 방법

몇몇 예외도 있지만 지구상에 있는 대개의 모든 나라에서, 학력은 어떤 사람에게 강력한 힘을 실어주는 도구가 된다. 개개인의 능력만으로 평가받는다고 여겨지는 나라에도 나라를 대표하는 명문대학이 있고, 그 학교의 졸업생들은 나름의 프리미엄을 누리며 사회에 진출한다. 한국에서는 당연히 서울대학교가 그 위치를 점하고 있으며, 안철수의 성공에도 '서울대'라는 간판이 일정 부분 공헌했음을 부인하기는 어렵다.

안철수는 서울대학교 의과대학을 졸업하고 전문의를 마친다. 그리고 전혀 다른 분야인 컴퓨터 바이러스 백신 프로그래머로서 이름을 알린 다음, 유학을 가서 두 번의 다른 종류의 석사과정을 마친다.

여기까지만 보면 안철수의 인생은 '공부가 제일 쉬웠어요'라는 책의 제목이 생각나는 인생으로 보인다. 하지만 그의 회고에 따르면 안철수는 어릴 적에는 그리 공부를 잘한 것도 천재라는 소리를 들어본 적도 없는 평범한 학생이었다. 60명 중에서 30등 수준으로 중간 정도의 성적을 유지하다가 고등학교 3학년이 되어서야 처음으로 1등을 해보았다고 한다. 대신에 그는 활자로 인쇄된 글씨는 모두 읽어야 한다는 강박관념을 있을 만큼 독서를 중요시하는 면모를 보여준다.

사실 성공한 사람들의 습관을 보면 빠지지 않고 등장하는 것이 바로 독서다. 가장 빠르고 효율적으로 지식을 습득할 수 있는 방법이면서 비용이 상대적으로 저렴하기까지 하다. 성공과 독서습관이 항상 일치하는 것은 아니지만, 인생에서 큰 성공을 거둔 사람들의 공통분모를 뽑으라면 당연히 독서광이라는 요소가 가장 큰 요소로 나타날 것이다.

"내가 참 좋아했던 것은 책 읽는 것이었다. 약간 병적으로 좋아하는 정도였다. 종이가 바닥에 떨어져 있으면 꼭 주워서 글자를 읽어야 직성이 풀렸다. 또 책을 읽을 때도 내용만 읽으면 뭔가 부족한 것처럼 생각이 되어서 페이지 숫자와 저자, 발행연월일까지 읽어야 책을 다 읽었다는 기분이 들었다. 활자중독증이었던 것 같다. 내가 좋아했던 것은 과학책이나 소설책이었다. 초등학교 때 작은 도서관이 있었는데 거의 모든 책을 다 봤다. 매일같이 책을 빌렸다가 다음날 새로운 것을 빌리고 하다 보니 도서관 사서 분께서 대출카드에 이름 적는 장난을 치는 줄 알고 나중에는 책도 안 빌려주려고 하더라."

학교 도서관의 모든 책을 다 읽었다는 안철수의 어린 시절은 결국 부모님에게서 받은 영향력이 가장 크지 않을까 짐작한다. 여든이 넘은 안철수의 아버지 안영모는 현재도 의사로서 환자를 진료하면서 손에서 책을 떼는 일이 없다고 한다. 그리고 아들이 세간의 주목을 가장 크게 받은 최근 들어서의 가장 큰 걱정은 아들이 바쁜 일로 건강이 나빠질까 하는 우려와 '책 읽기 좋아하는 사람이 독서할 시간도 없이 산다'는 점을 들었다. 어린 시절의 좋은 습관은 돈으로 살 수 없는 평생의 자산이 된다.

안철수는 무슨 일을 시작할 때마다 먼저 책을 구입해서 읽고 간접경험을 쌓은 후에야 그 일에 뛰어들었다. 미리 머릿속에 지식을 갖춘 후에 천천히 실전을 익히는 것이다. 그리고 커리어에서 하나의 단계를 매듭짓는 의미로 책을 한 권씩 썼다. 1995년에 출간한 《별난 컴퓨터 의사 안철수》는 의사라는 직업을 버리고 파트타임 프로그래머에서 벤처기업 CEO로 변신하면서 그동안의 경험을 정리한 책이다.

2001년에 출간해 베스트셀러 목록에 오른 《CEO 안철수, 영혼이 있는 승부》는 벤처기업인 안철수연구소를 코스닥에 상장시키면서 그동안 기업경영에서 느낀 바를 정리한 책이고, 《CEO 안철수, 지금 우리에게 필요한 것은》은 2004년 회사 대표직을 버리고 미국 유학을 떠나기 전에 정리하는 마음으로 쓴 책이다. 그런 점에서 보면 안철수의 이름으로 된 책이 출간된다는 것은 그가 어떤 일을 마무리 짓고 새로운 일을 시작한다는 의미로 봐도 무방하다. 올해 출간

된다고 소문이 무성한 그의 신간에는 어떤 내용이 담겨 있을지 비
상한 관심이 모아지고 있다.

"미지의 세계로 들어갈 때는 항상 먼저 책을 통해 그 세계를
간접 경험하는 것이 원칙이다. (서점에서) 사서 외운 책이 50
권쯤 됐을 때 기원으로 갔다. 컴퓨터를 처음 배울 때도 마찬
가지였다. 책부터 샀다. 그리고 그것을 외운 다음 기계(컴퓨
터)를 샀다. 책을 통해 세상에 접근하는 방법은 처음에는 느
리지만 결국은 다른 사람보다 앞설 수 있다."

독서를 통한 간접경험 말고도 그가 중요하게 생각한 간접 경험
은 바로 학교 교육이다. 안철수는 미국으로 떠난 첫 번째 유학에 대
해서도 최단시간에 남들의 풍부한 경험을 쌓고 그들의 시행착오로
부터 배울 수 있는 방법이 바로 공부였다고 말했다. 독서나 학교 교
육은 안철수에게 현실의 경험을 보다 쉽고 빠르게 축적할 수 있도
록 도와주는 수단이었다.

"다른 사람들 고생시키면 안 된다고 생각했습니다. 처음 이
렇게 하다 보니까 회사가 잘 경영이 안 되는 건 당연했고요,

많은 인터뷰나 제3자의 증언에 따르면 그는 엄청난 독서광이고, 그렇게 된 이유는 사람 앞에 나서기를 꺼려하는 소심한 성격 때문이라고 말한다. 중소기업을 운영하는 CEO로서, 학생들을 가르치는 교수로서 사람을 알지 못하고서는 경영도 학습지도도 어려울 수밖에 없다. 사람들 앞에 나서기 어려워하는 성격의 안철수가 어떻게 성공적인 CEO가 될 수 있었는지는 다음의 말에서 약간의 힌트를 얻을 수 있다.

고등학교 때는 판형도 작고 가격도 저렴한 삼중당문고를 즐겨 읽었다고 한다. 모범생으로만 보이는 안철수지만 재미없는 수업 시간에는 선생님 몰래 소설을 읽는 재미가 쏠쏠했다고도 회상했다. 물론 나중에 교단에서 보니 학생들의 딴짓이 그대로 눈에 들어와서 '당시의 내가 들키지 않은 것이 아니라 선생님들께서 너그러이 봐주신 것'일지도 모른다는 생각이 들기도 했다면서. 하지만 그는 '책의 요약본'을 읽는 것에 대해서는 대단히 부정적으로 보고 있다. 저자의 의도를 정확히 알기 어렵기 때문이다.

잘 알려진 독서광답게 안철수의 어록을 살펴보면 독서에 대해서 많은 말을 했음을 찾을 수 있다. 몇 권의 베스트셀러를 쓴 저자이기도 한 안철수는 저자가 책에 쏟는 정성과 내공을 온전하게 독자가 가져가기를 원하는 것으로 보인다.

"사실은 책이라는 게 그 한 권을 쓰기 위해서는 저자가 나름 대로 오랜 기간 동안 열심히 살고 깨달은 것들을 집대성한 거죠. 그러다 보면 거의 우리는 몇 시간 만에 읽을 책도 사 실은 거기에 그 사람의 인생의 10년 노하우가 담겨 있는 셈 이에요. 그러니까 다른 사람들의 그런 경험들을 굉장히 짧 은 시간 내에 간접 경험할 수 있고 그 사람이 했던 시행착오 를 우리가 하지 않을 수 있는 굉장히 좋은 학습법이 되기도 하고요. 판단이 달라지니까. 그렇게 되면 사실은 행동을 다 르게 하다 보면 그 사람 인생과 운명이 달라지는 거거든요."

한편 안철수는 무조건적인 다독의 폐해에 대해서도 경계하고 있 다. 많이 읽는 것은 중요하지 않으며, 적게 읽더라도 저자의 경험

과 사상을 온전하게 독자 자신의 것으로 만들 수 있는 사색의 시간
이 꼭 필요하다. 또한 읽은 것이 기억나지는 않더라도, 생각이 바
뀌고 그에 따라서 판단이 전과 달라질 수 있으므로 무의미한 것
은 아니라는 것이 그의 생각이다. 스스로도 책을 좋아한다고 말하
고, 그의 부모도 건강 걱정과 함께 '책 읽을 시간'을 걱정하는 것으
로 보면 그의 독서에 대한 열정은 자타가 공인한 것으로 봐도 무
방할 것 같다.

"1년에 100권 읽는다, 이건 전혀 안 중요해요. 50권을 읽고
나머지 50권 읽을 시간에 오히려 생각하는 시간을 가지는
게 그 사람한테 훨씬 더 좋죠. 그러다 보면 깨닫게 돼요. 아
는 것과 깨닫는 것은 굉장히 다르지 않습니까? 그러면 한번
깨달으면 그 사람 생각이 바뀔 수 있어요. 잊어버려요. 그런
데 읽다 보면 잊어버리는데요, 한번 깨달으면 구체적인 내용
은 자기가 기억이 안 나도 결국 다음에 행동할 때 판단할 때
판단이 달라져요. 그렇게 생각이 바뀌면 결국은 그게 행동으
로 나타나게 되잖아요."

마지막으로 안철수는 독서에 있어 저자에 대한 비판적인 시각을

유지하면서 저자의 지식을 습득하라고 조언한다. 마치 '〈조선일보〉
와 〈한겨레〉를 동시에 읽는 것'과 같은 독서습관을 들이면 편협한
사고방식에서 벗어나 균형 있는 지식의 틀을 갖출 수 있다고 여겨
지는 것과 같은 조언이다.

사람들은 누구나 처음 만나는 사람의 말을 더 믿게 되고, 처음 접
한 지식을 더 편애하게 된다. 그러나 진리는 그 사람이 접한 순서와
는 아무 상관이 없다. 지식을 접한 순서에 따라서 자신의 철학이나
의견을 편협하게 만드는 것만큼 우스운 비극도 없다.

"어떤 분들은 책 한번 보면 처음에 읽은 책이 진리가 되고
다음에 읽는 책들이 처음 책과 다른 생각이면 무조건 다 배
척하는 분들이 계세요. 그러니까 그것은 굉장히 옳지 않은
방법이고요."

CEO나 교수가 아닌 개인 안철수에게 책이란 어떤 의미일까? 그
는 단호하게 책을 인생에서 가장 중요한 것으로 꼽았다. 카이스트
의 교수를 맡고 있을 때, 한 신문기자가 그를 찾아와 10년 뒤에는
또 무엇을 하고 있을지 물었다. 안철수의 대답은 지금은 알 수가 없
다는 것이었다. 삶에서 앞으로의 계획 같은 것은 세워본 적이 없고,

그저 매 순간을 열심히 살다 보니 지금 이 자리까지 오게 되었다는 대답이었다. 하지만 만일 지금 앞으로의 자신의 미래를 예측해보라고 하면 아마 책을 쓰는 작가가 되어 있지 않을까 싶다고 했다. 그리고 앞서도 잠시 언급한 것처럼, 출판계는 곧 출간될 그의 신간을 전에 없는 관심을 가지고 예의 주시하고 있다.

"인생에서 가장 가치 있는 것은 책이라고 생각해요. 저에게 연애의 기억은 책을 읽는 것이었습니다. 대학 시절 캠퍼스 커플이었던 아내와 도서관에서 연애를 했고, 미국에서 공부할 때도 아내, 딸과 함께 도서관에서 함께 책을 읽는 것이 일상이었습니다."

안철수의 성공에는 그의 학습능력이 단단한 기반이 되었다. 그리고 학습능력은 학습에 몰입할 수 있는 그의 생활습관을 통해 만들어졌다. 인간의 뇌의 능력은 매우 무궁무진하지만 사람들은 그 능력을 다 사용하지 못한다고 한다. 소위 천재라고 불리는 사람들은 뇌의 능력을 평범한 사람보다 더 많이 효율적으로 사용한다. 기업인 이미지가 강한 탓에 안철수를 천재라고 평가하는 사람은 많지 않은 것 같지만, 그의 학습능력과 몰입에 관해서만은 인정할 수밖에 없을 것이다.

　독서습관에 관해서라면 안철수의 독서습관은 정통에 가깝다. 많이 읽고, 다 읽고, 비판적으로 읽으며, 읽고 나서 자신의 생각을 정리하는 시간을 갖는다. 텔레비전이나 인터넷의 검색 기술의 발달로 이제 사람들은 모르는 것에 대한 지식을 습득하기가 매우 쉬워졌다. 포털 사이트마다 있는 지식검색 서비스에 방문하면 '대학생이 질문을 올리면, 초등학생이 답을 하는' 상황이 일상적으로 벌어질 정도다.

　블로그와 트위터, 페이스북 등으로 정보의 유통속도나 파급효과는 전에 비해서 수십 배 빨라지고 강해졌지만, 사람들에게 그만큼 더 정확하고 필요한 정보들이 공급되고 있는 것은 아니다.

　안철수의 독서습관을 한마디로 정의내리면 '능동적인 독서'다. 그가 권하는 대로 독서를 하자면 독자는 편하게 텔레비전을 보듯 늘어져 있거나 마우스 클릭만으로 세상을 다 아는 듯이 굴 수 없다. 글을 쓰는 저자 못지않게 부지런해져야 한다.

과거의 나를 부정할 때 새로운 것이 보인다

안철수가 반항아라는 얘기를 앞에서 했지만 원래 그의 캐릭터를 설명할 수 있는 단어를 두 가지만 꼽자면 '겸손과 존중'이 될 것이다. 타인을 존중하는 그의 태도에 대해서는 이미 언급한 바 있다. 회사의 CEO로 어떤 직원에게도 반말을 사용하지 않으며, 항상 존댓말을 사용한다. 또한 자신이 99% 확실하게 들어줄 수 있는 일이 아니라면 함부로 약속을 하지 않는다. 사람에 대한 자세가 존중이라고 한다면, 일에 대한 그의 자세는 겸손이라고 간략히 정의할 수 있겠다.

> "어떤 문제에 부딪히면 나는 미리 남보다 시간을 두세 곱절 더 투자할 각오를 한다. 그것이야말로 평범한 두뇌를 지닌 내가 할 수 있는 유일한 방법이다."

서울대 의대 졸업에 의학박사와 두 개의 석사학위를 가진 안철수를 '평범한 두뇌'라고 말할 수 있을지는 모르겠다. 그러나 그는 자신을 머리가 좋아서가 아니라 많은 시간을 들여 열심히 공부를 했기 때문에 공부를 따라갈 수 있었던 사람이라고 말한다. '할 수 있다' 정신과 '자신감'을 강조하는 요즘의 세태와는 사뭇 다른 그의 미덕이다.

서구적인 사고방식, 특히 미국의 자기계발의 문화가 매우 많이 한국에 들어온 탓으로 근래의 20대와 30대 젊은 층의 사고는 매우 긍정적이고 스스로에 대한 자부심이 높다. 예전의 한국인들이 무언가에 위축된 듯이 보이는 것에 비한다면 지금의 젊은 세대가 보여주는 밝고 건강한 모습은 보는 사람까지 기분 좋아지게 만든다. 반면 자기 자신에 대한 지나친 자부심으로 눈살을 찌푸리게 만드는 경우도 있다.

최근 들어 '중2병'이나 '근자감'이라는 말을 자주 들을 수 있다. 일본에서 유행하던 '주니보中二病'가 건너온 말로서 청소년기에 흔히 나타나는 우월의식을 가리킨다. 근자감 역시 '근거 없는 자신감'을 줄인 신조어다. 긍정과 자부심이 도를 지나칠 때 나타나는 모습이다. 자기 자신에 대한 자부심이 지나치게 확장되어 근거 없이 우월의식을 가지고, 또한 그에 따라서 주변의 타인들에 대한 비하나 경멸의식을 가지는 경우를 흔히 본다.

앞서 《긍정의 배신》이라는 책 이야기를 잠시 했지만, 론다 번Rhonda Byrne의 《시크릿》이 전파하는 긍정주의는 더 이상 노력이나 실천을 강조하지 않는다. 단순히 마음속으로 원하는 것을 생각만 하면 세상의 만물이 저절로 '끌어당김의 법칙'에 의해서 이루어지리라고만 말한다. 마음속에 자신이 원하는 그림을 만들어 꿈꾸면 '우주의 알 수 없는 힘의 작용'에 의해서 그 꿈이 저절로 이루어지게 된다는, 공상과학소설 속에서나 나올 법한 이론이 사람들의 마음을 사로잡고 있는 것이다.

자신의 능력과 환경 그리고 험난한 공부와 노력의 과정은 고려되지 않는다. 그렇게 소망을 품고 살다가 결국 원하는 것을 이루지 못하더라도 그들은 실망하거나 절망에 빠지지 않는다. 왜냐면 나는 소중한 존재이고 그 과정을 통해서 배운 것이 있고, 그 과정을 즐겼기 때문에 실패가 아니라고 주장한다. 흔히 '정신승리'라 일컬어지는 도를 넘은 자기긍정 마인드는 거의 종교 수준에 이르렀다고 봐도 무방할 정도다.

독자들 입장에서도 힘든 공부나 꾸준한 노력, 빛나는 창의력도 필요 없이 그저 '꿈꾸기만 하면 이루어진다'는 메시지가 얼마나 매력적일까. 그러나 이런 꿈꾸는 자기계발서를 읽음으로써 자신의 꿈을 이룬 사람들은 얼마나 될까. 아마 그 책이 잘 팔려서 높은 인세를 챙긴 저자 외에 독자들은 자신의 꿈을 현실에서 이루었는지 궁금하다.

안철수는 앞서 우리에게 필요한 것은 '뜨거운 가슴' 외에 '차가운 머리'라고 지적했다. 스스로를 '평범한 두뇌'의 소유자로 낮추

고 부단한 노력으로 목표에 다가가는 안철수의 모습은 '긍정교'의
범람 속에서 드물게 발견할 수 있는 미덕이다.

> "인간은 자기 합리화에 능한 동물이기 때문에 의외로 관념
> 속의 자기 모습에 갇혀 있는 경우가 많아요. 스스로 모험심
> 이 강하다고 생각했는데, 고민과 선택의 순간이 닥치자 안전
> 한 선택을 하는 자신을 보게 되는 거죠."

안철수가 말한 것처럼 인간은 자기 합리화에 매우 능한 동물이
다. 자신을 '끈기와 도전정신이 강한 사람'이라고 대답하기는 쉽겠
지만, 실제로 그런 경험이나 사례를 들라고 했을 때 선선히 대답할
것이 있는 사람은 그리 많지 않을 듯싶다. 취업준비를 하는 20대가
가장 많이 몰려드는 것은 공무원 시험이나 자격증 혹은 토익 점수
올리기와 같은 안전 지향적인 길이다.

사실 안철수라는 개인이 가장 크게 주목을 받았던 이유도 '의사'
라는 보장된 미래를 버리고, '소프트웨어 벤처사업'이라는 정말 불
투명하기 짝이 없는 사업에 도전한 사람이었기 때문이다. 우리 사
회에서는 발견하기 드문 경우다.

다른 사람을 존중하며 일 앞에서 겸손하고 자신의 역량을 현실

적으로 파악하는 능력은 대단히 중요하다. 자동차 경주를 하는 드라이버는 당연히 운전하는 차의 배기량과 정비 상태 그리고 연료 탱크 안에 들어 있는 기름의 양을 파악해야 한다. 그리고 상황에 맞추어 최선의 판단과 결정으로 경기에 임하는 자세가 승리를 위해서 꼭 필요하다. 지피지기知彼知己를 할 수 있다면 백 번을 싸워도 패하지 않는다.

> "사업은 긴 승부라고 생각하며, 되도록 길게 바라볼 때 성공 확률이 더 높아진다고 본다. 이 기업활동에만 국한되는 것이 아니다. 본질적으로 성공은 금방 보답받는 것이 아닌 것이다."

자신에게 주는 기회에 인색하지 말라

친구가 UFC라는 미국의 이종격투기 경기 중에서 한국인 정찬성 선수가 나오는 게임을 찾아서 보라고 권유했다. 격투기를 별로 좋아하진 않지만 어떤 게임이기에 추천하는지 궁금해져서 인터넷에서 동영상을 찾아보았다. '코리안 좀비'라는 무서운 별명을 가진 정찬성의 경기는 게임이라기보다는 처절한 영화나 힘든 삶을 취재한 다큐멘터리 같은 느낌을 주었다. 한없이 맞으면서도 그는 포기하지 않고 주먹을 내뻗고 상대방에게 덤벼들었다. 정말 시체가 깨어난 것처럼 흐느적거리는 다리로 달려드는 그의 모습을 보면서 알 수 없는 뭉클함이 목구멍에서 치밀어올랐다. 작은 실패에도 포기하고 체념하는 나 자신의 모습이 숨김 없이 비교되었기 때문일지도 모르겠다.

"어떤 일을 선택할 때는 과거를 잊어버리는 것이 중요하다. 과거에 아무리 커다란 성공을 하였든 혹은 치명적인 실패를 하였든 간에 그런 것들은 중요하지 않다. 항상 현실에 중심을 두고 미래를 생각하는 마음가짐이 필요하다. 나 자신도 발전할 수 있고, 재미있게 일을 할 수 있으며, 사회에 도움을 줄 수 있는지를 생각해야 한다."

과거의 실패 때문에 트라우마가 생겨서 미래에 아무런 도전을 못하는 경우가 있다. 깊은 상처 때문에 새로운 연애를 시작하지 못한다거나, 사업의 실패로 다시는 창업에 도전하지 못하는 사람들이 있다. 반대로 크거나 작은 성공을 거둔 뒤로는 그 성공에 안주하여 자신의 정체와 하락세를 그냥 방치해두는 사람도 있다.

스포츠나 연예계에서는 젊은 나이에 크게 유명해졌으나 그후 그 유명세를 근근이 이용하면서 살아가는 '왕년의 스타'들을 흔히 볼 수 있다. 과거의 실패도 성공도 모두 현재 새롭게 시작하려는 사람에게는 거추장스러운 걸림돌이 된다.

현재를 제로베이스zero-base에 놓고서 지금의 상황에 적절한 새로운 도전과제를 발견하고 과감히 도전할 수 있는 마음가짐을 안철수는 누누이 강조한다.

> "자신에게 기회를 주는 게 가장 중요하다. 미국 실리콘밸리는 성공의 요람이 아니라 실패의 요람이다. 100개의 기업 중 하나만 살아남는다. 하지만 실패한 기업이라도 도덕적이고 문제가 없다면 계속 기회를 준다. 실패한 사람이라도 계속 기회를 주는 것이 젊은이들의 도전정신을 만든다."

아시아 문화권에서는 승승장구하는 사람이나 기업을 더 선호한다. 기업은 성공의 경험을 가진 사람을 채용하려 하고, 은행은 성공한 기업보다 실패한 경험이 있는 기업에 더 높은 이자를 요구한다. 미국 사회 전반의 모습은 어떤지 모르지만 적어도 기술벤처의 요

람이라고 할 수 있는 실리콘밸리에서는 실패 역시 성공과 마찬가
지로 좋은 평가를 받는다고 한다. 안철수는 이렇게 새롭게 시작하
는 도전을 '자신에게 기회를 주는 것'이라고 표현한다.

　성공한 사람이 그 성공 안에서 안주하지 않게 하기 위해서 다시
도전이 필요하듯, 실패한 사람 역시 스스로를 실패자로 낙인찍지
않기 위해 도전이 필요하다. 자신을 '위너winner'나 '루저loser' 어느 쪽
으로 단정짓는 일은 그의 미래를 위해서 좋지 않다. 물론 늘 새롭게
도전하는 일은 힘들고 위험이 동반되며 거친 길을 걸어야만 한다.
그리고 그것이 바로 인생이다.

단기적인 이익이나
승부에 집착하지 말라

성공한 기업이나 연예인, 예술가에게서 흔하고 자주 볼 수 있는 모
습이 있다. '자기복제'라고 불리는 매너리즘이다. 무명을 거쳤거나
혹은 벼락스타가 되었거나, 큰 성공을 거둔 후 그 성공을 공식에
따라서 후속작품을 만드는 모습이 자주 나타난다. IBM이나 GM자
동차와 같은 거대기업에서부터 대중문화를 만드는 가수나 작곡가,
드라마 작가나 PD까지 자기복제는 꽤 광범위하게 퍼져 있는 병이

다. 게다가 일단 그들의 팬이 된 대중은 한동안은 그들의 자기복제 품에도 성원을 보내주며 제품을 구입하기 위해 돈을 지불하는 것을 아까워하지 않는다. 하지만 시간이 지날수록 점차 그들은 대중의 기억 속에서 멀어져간다.

오랜 기간의 무명의 시간을 거쳤다고 해서 성공을 멋지게 받아들일 수 있는 조건이 되었다고는 말할 수 없다. 오랜 무명기간을 거쳐 성공을 했지만, 성공 즉시 나락으로 추락해버린 스타나 기업들도 많다.

거꾸로 벼락성공을 했다고 꼭 급하강을 하는 것도 아니다. 결국 한번의 성공보다는 성공 이후에도 지속적으로 자신을 컨트롤할 수 있는지 없는지가 훨씬 더 중요하다. 만일 그런 컨트롤이 준비되지 않은 상황에서는 실패가 성공보다 훨씬 더 낫다. 준비되지 않은 상황에서의 성공은 치명적인 위험을 가져온다.

"일시적인 성공은 말 그대로 일시적인 것임을 기억하자. 일시적인 성공은 늘 치명적인 실패의 원인이 되기도 한다. 대기업이든 벤처기업이든 매우 유명했던 기업들이 어느 날 갑자기 쇠퇴하는 것도 모두 여기에서 기인한다."

개인이든 기업이든 성공은 황홀한 경험이다. 문제는 마치 허리케인 위에 올라탄 도로시처럼 성공은 그 성공한 사람이나 기업을 전혀 알 수 없는 시간과 장소에 떨어뜨려놓는다는 점이다. 가족과 친구들 그리고 동료들과 고객들, 경쟁자들과 언론까지 모두들 갑자기 성공한 사람이나 기업에 대한 태도가 바뀌고, 새로운 환경에 접하게 된다. 갑자기 많은 돈이 들어오기 시작하고 대중으로부터 받는 관심의 크기 역시 몇 배로 커진다.

작은 행동 하나에도 주변의 큰 주목을 받게 되는데, 보통 심리적 내성이 강하지 않는 경우 적응하지 못하거나, 너무 쉽게 적응해버려 원래의 자기 모습을 잃어버리고 만다. 위축되거나 허파에 바람이 들거나 말이다.

"실패에도 두 가지 종류가 있다고 생각하는데, 하나는 외형적인 실패이고 다른 하나는 질적인 실패다. 어떤 사람들은 외형적인 실패에 민감하고 그것에 지나치게 좌절한다. 물론 실패를 거듭하는 것은 피해야 하지만, 우리가 진정으로 의식해야 하는 것은 질적인 면에서의 실패다."

결과적으로 나쁜 성공이 존재한다면, 역으로 좋은 실패도 역시 존재할까? 안철수는 실패를 '외형적인 실패'와 '질적인 실패'로 구분했다. 안철수가 정의하는 '외형적인 실패'와 '질적인 실패'의 구분은 직접 언급한 자료가 없기 때문에 나로서는 정확히 말하기는 어렵다.

다만 결과적으로는 실패였지만 그 과정은 좋았거나, 그 실패로 인해서 다른 좋은 성공의 기반을 얻었다면 돈이나 시장점유율과 같이 눈에 보이는 것을 잃었어도 그것은 좋은 실패라고 보아도 될 듯하다. 반면에 같은 실패라고 해도 그 과정이나 그 실패를 겪는 동안 참여한 사람들의 행태가 나쁜 경우에는 완전한 실패라고 불러야 할 것이다.

"단기적인 이익이나 승부에 집착하다 보면 당장에는 작은 이익을 볼 수 있을지 몰라도 장기적으로 보면 실패할 가능성이 높아진다. 눈앞의 순간적인 이익에 연연하기보다는 장기적인 관점에서 옳은 쪽으로 판단하고 차근차근 일을 진척시켜나가는 것이야말로 결국 참된 성공에 이르는 길이라고 믿는다. 성공이라는 본질 자체가 단기적인 것이 아니기 때문이다."

안철수가 가진 성공과 실패에 대한 생각을 잘 알 수 있는 대목이 바로 위의 말이다. 그는 단기적인 이익, 일시적인 성공이란 없다고 말한다. 그것은 진정한 의미의 성공이 아니며, 장기적이고 긴 시간 속에서 만들어지는 성공만이 진정한 의미의 성공이라고 말한다.

■ ■ ■

"느리지만 세상은 조금씩 바뀌고 있습니다. 잘 아는 분 중에 '아래아한글'보다 먼저 워드프로세스를 만든 분이 있어요. 결과적으로 시장에서 실패했는데, 이분이 얼마 전 삼성전자에 전무로 특채됐습니다. 그걸 보면서 세상이 조금씩 바뀌고 있다는 걸 실감했지요. 지금까지 대학 동기 중에서 중소기업으로 가거나 창업한 사람이 나중에 대기업 임원이 되는 것은 불가능한 일이었어요. 그게 바뀐 거죠. 바깥에서 비록 결과가 좋지 않더라도 그 과정에서 열심히 해 능력을 인정받으면 대기업 같은 또래보다 훨씬 더 높은 자리에 얼마든지 갈 수 있게 된 거죠. 사실 실리콘밸리에서는 흔한 모습이에요."

실패를 용인하는 사회 분위기는 누군가의 캠페인이나 국회의 입

법조례로 만들어낼 수 없다. 그저 사람들 사이에 공감대가 형성되고 좋은 모범사례가 나타나야 한다. 그런 점에서 보면 안철수연구소는 바로 이런 실패를 용인하는 분위기와 사례를 만드는 데 선도적인 역할을 한다고 볼 수 있겠다.

이 글을 쓰고 있는 현재 안철수연구소의 CEO는 김홍선이다. 90년대 후반 벤처기업 붐이 일었을 때 그는 시큐어소프트라는 보안업체의 대표로 국내에서 가장 촉망받는 보안업계의 히어로였다. 2000년대 들어서 당당히 코스닥에 상장한 시큐어소프트는 이후의 실적 부진과 해외진출이 실패로 돌아가면서, 2004년에 다른 기업에 인수합병이 되고 만다. 김홍선은 주변의 시선과 자괴감 때문에 미국으로 이민을 떠난다. 그리고 4년 뒤 2008년 10월에 그는 안철수연구소의 CEO로 다시 일선에 복귀한다. 실패한 벤처창업자가 다른 기업의 CEO로 올라서는 모습은 한국에서는 여간해서 보기는 드문 일이 분명하다.

시큐어소프트의 창업자 김홍선과 현재 안철수연구소의 CEO인 김홍선을 모두 인터뷰했던 언론사의 기자들은 입을 모아 그가 많이 달라졌다고 말한다. 어려운 상황에서도 굽히지 않았던 강한 자신감은 겸손함과 진지함으로 바뀌었다는 평가다. 김홍선 스스로도 실패를 겪으면서 '간접적으로는 얻을 수 없는 수백 배의 깨달음을 얻었다'고 고백한다. 더 이상 사람들을 학벌이나 경력만으로 판단하지 않게 되었다고도 말한다. 기자들은 높은 자부심과 추진력으로 기억되던 예전의 김홍선이 아니라고 말한다. 그런 그의 깨달음과 실패로부터 얻은 교훈이 현재 안철수연구소의 좋은 성장의 양분이 되고 있다.

어떤 일을 선택할 때는
과거를 잊어버리는 것이 중요하다.
과거에 아무리 커다란 성공을 하였든
혹은 치명적인 실패를 하였든 간에
그런 것들은 중요하지 않다.

내 꿈은
내가 걸어온
길에서
만들어진다

안철수를 생각할 때마다 떠오르는 이미지가 있다. 이론물리학자 로저 펜로즈Roger Penrose가 그린, 이른바 '불가능한 계단'이다. 2차원에서만 가능한 이 계단은 한 방향으로 걸어가면 계속 올라가거나 내려가는 현실의 계단이 아니다. 이 계단에서는 상승과 하강이 일방향이라는 전통적인 개념이 무너지며 계단을 걸어 올라가는 것도 내려가는 것도 아닌 채, 뫼비우스의 띠처럼 무한히 순환된다.

안철수가 살아온 궤적을 살펴보면, 그의 일생을 지배하는 것이 여느 사람들처럼 위로 올라가기 위한 상승의지가 아닌 것만은 분명하다. 대부분의 사람들이 한 분야에 투신해 생애의 종착점에 이르기까지 그 분야에서 가장 높이 올라가기 위한 노력을 경주한다면,

안철수는 우리가 금과옥조처럼 믿는 성공의 금언, '한 우물을 파야 성공한다'는 말을 보란 듯이 뒤집는다.

의사에서, 벤처기업 창업자에서, 다시 교육자로 변신을 거듭한 그의 행로는 '올라가기'보다 '건너뛰기'라고 말하는 것이 적절할 듯하다. 많은 사람들이 '높이' 올라가기 위해 일생을 건 분투에 나선다면, 안철수는 과거의 성공으로부터 '멀리' 나아가기 위해 몸을 던지는 것처럼 보인다. 그가 거쳐온 의사, CEO, 교수라는 직함 중 하나를 얻는 데에도 일생에 걸친 노력이 필요한데, 앞으로 어디로 나아갈지 모르는 그의 걸음은 여전히 진행 중이다. 아무리 걸어 올라가도 끝이 없는, 펜로즈의 계단이 연상되는 이유다.

말 없는 가르침에서
얻은 깨달음

호랑이가 내려오는 냇물이 있었다는 뜻에서 이름이 붙은 범천동은 부산에서 가장 가난한 축에 드는 지역이다. 부산의 번화한 다른 지역과는 달리 공장이나 시장에서 하루 벌어 하루를 먹고 사는 사람들이 판잣집을 짓고 살던 곳이라 가난이 땟국물처럼 흘렀다. 1970~80년대에 집에서 운동화나 메리야스를 만들던 가내공장이 성업하던 곳이지만 공업이 사양길에 접어들고 교통이나 학군 때문에 젊은 세대가 떠나면서 주로 노인들이 남아 거주하는 지역이 됐다. 지금도 거주민의 대부분이 저소득층이다.

안철수의 아버지인 안영모 원장이 군의관 제대 후 '범천의원'이란 이름으로 이곳에 자리 잡은 것이 1963년, 지금까지 범천의원은 48년 동안 떠나지 않고 그 자리를 지키고 있다. 밤이고 낮이고 찾아오는 환자들 때문에 아예 병원 위층에다 살림집을 냈다. 범천동으로 이사 올 때 두 살이었던 안철수는 20년 전까지 가족과 함께 병원에 딸린 살림집에서 거주했다.

안영모가 군의관으로 복무할 무렵은 의사가 부족하고 환자가 많은 탓에 3년 만에 제대하는 것이 현실적으로 어려운 환경이었다. 전국적으로 의대가 네 곳밖에 되지 않던 시절이라 그만큼 의사가 귀했다. 그는 군의관 생활을 7년 6개월이나 한 뒤에야 제대할 수 있었다. 안영모가 병원을 열 곳으로 범천동을 택한 이유는 낙후된 지역이라 병원이 없었기 때문이다.

개원한 지 48년이 지났지만 간판은 처음 병원을 열 때와 마찬가지로 '범천의원'이다. 개인 의원을 하다 어느 정도 기반을 잡게 되면 세련된 건물로 이사를 가거나 번듯하게 건물을 새로 지어 'OO클리닉'으로 간판을 바꿔 다는 것이 일반적인데, 범천의원은 그런 '모양새'하고는 거리가 먼 곳이다.

사는 게 어려운 동네다 보니 영양실조 환자가 유독 많았고, 결핵과 같은 전염병도 자주 돌았다. 기계에 손가락이 잘린 여직공이 점심시간에 짬을 내어 수술을 받고 가는 경우도 허다했다. 부산에 신발산업과 섬유산업이 성업일 때는 하루에 찾아오던 환자가 100명이 넘는 날도 많았지만 하루에 10~20명 정도로 환자가 준 지금도 그는 점심시간에도 환자를 받는다.

교통사고를 당한 신문 배달 소년을 치료해준 뒤 "어린 학생이 무슨 돈이 있겠느냐"며 치료비를 받지 않고 보낸 사실은 지역신문에 보도되기도 한 유명한 미담이다. 낮에는 쉴 새 없이 몰려드는 사람들을 진료하고, 밤에는 두세 집씩 왕진을 돌다 보면 날이 밝기 일쑤였다. 건강보험법이 제정되기 전까지는 진료비도 시내에 있는 다른 병원의 절반만 받았다.

인터뷰에서 그 이유를 묻는 기자에게, 그가 한 대답은 싱거울 정도로 단순했다. 범천동에 개원한 것은 '병원이 없어서', 다른 곳으로 이사를 가지 않은 것은 '환자들이 계속 와서', 점심시간에 식사를 하지 않고 환자를 받는 것은 '배가 고프지 않아서'란다.

자신이 한 일에 대해 생색내지 않는 겸손, 나이 쉰에 가정의학과 전문의 자격증을 딴 도전은 그의 아들이 한 백신 프로그램 무료 배

포나 마흔에 떠난 미국 유학과 자연스럽게 오버랩된다. 손해보지 않는 삶, 뒤처지지 않는 삶을 살아야 한다고 주입받아온 요즘 젊은 세대에게 신선한 충격을 안긴, '내가 사는 사회에 도움이 될 것인지'를 우선순위에 놓고 고민하는 안철수의 뒤에는 평생토록 나눔과 봉사를 실천해온 아버지가 있었던 것이다.

비워야 채우고
쉬어야 멀리 간다

여러 인터뷰에서, 안철수는 아버지를 통해 '사회적 책임'을 배웠다는 말을 자주 한다. 아버지 안영모에게, 안철수는 말 잘 듣고 착한 아들이었다. 존경하는 아버지를 실망시키기 싫었던 그는 대학도 가고 싶었던 공대가 아닌 의대로 진학한다. 안영모는 한 인터뷰에서 "친척들이 내가 내심 의대를 원하는 것을 알고 있으니 내 앞에선 '철수가 기계를 좋아한다'고 말하지 못했을 정도"라고 회상했다.

안철수는 자신의 책에서 "아버지는 표현하지는 않으셨지만 마음속으로 내가 의사가 되길 바라고 계신 것을 눈치 챌 수 있었다. 부모님은 나를 낳아주시고 아무런 조건 없이 사랑하고 길러주셨다. 부모님을 기쁘게 해드리는 것이 아들 된 도리가 아니겠는가"라고 썼다. 의대를 졸업하면 병원을 차리는 것이 일반적이었던 당시 분위기에서 안철수가 "개원을 하지 않고 기초의학을 더 공부하겠습니다"라고 말한 것이 아버지의 기대에서 가장 멀리 간 것일 정도로, 안철수는 부모 속 한번 썩여본 적 없는 착한 아들이었다.

하지만 '착한 아들' 안철수의 모습은 딱 여기까지였다. 이후 안철수의 생애는 과감한 결단의 연속이다. 안철수가 의대 전공으로 택한 것은 심장 전기 생리학으로, 이는 의학 중에서 가장 공학에 가까운 분야다. 그가 프로그래밍을 공부해 컴퓨터 바이러스 백신을 만들게 된 것도 따지고 보면 전공 공부를 더 열심히 하려다 종국엔 인생의 방향이 완전히 바뀌게 된 것이니, 인생은 이처럼 매우 아이러니하다.

어려서부터 기계에 관심이 많았던 호기심 소년 안철수, 한번 기계를 잡으면 그것을 뜯었다 재조립하기를 몇 번이나 반복하면서도 전혀 싫증을 내지 않았다. 덕분에 집에 있는 물건 중에 그가 뜯어보지 않은 것이 없을 정도였고, 친척집에서는 그가 방문한다고 하면 "철수가 오니 다 치워야 한다"며 뜯어볼 수 있는 물건들은 그의 손이 닿지 않도록 보이지 않는 곳에 숨겨두곤 했다. 중학교 때는 학생 과학잡지에 응모한 설계도가 그 달의 최우수 작품상으로 뽑혀 상품으로 라디오를 받은 적도 있었다. 완제품이 아니라 부품으로 배송된 라디오는 안철수의 손을 거쳐 멋진 완성품으로 변신했다.

어린 시절의 안철수는 눈에 띄지 않는 조용한 소년이었다. 친구와 어울려 장난치고 놀기보다는 혼자 있는 것을 더 좋아하는, 내성적인 성격이었다. 또래보다 한 살 일찍 학교에 들어간 그는 친구 사귀는 데 서툴렀다. 동급생들도 말 주변이 없고 어리숙한 그를 친구로 받아주기보다는 놀림거리로 여기는 경우가 더 많았다. 성적이 뛰어나게 좋은 편도, 운동을 잘하는 것도, 활발하게 앞에 나서서 화제를 이끌어가는 것도 아닌 그와 친구가 되려고 먼저 다가오는 아이는 없었다.

짓궂은 친구들은 그를 얼굴이 하얗다고 놀리거나 만만히 보고 여기저기 집적거려 멍이 들게 만들기 일쑤였다. 초등학교 5학년 때는 어깨가 탈골된 채 집에 돌아온 적도 있었다. 부모가 누가 그랬냐고 물어도 안철수는 묵묵부답으로 일관했다. 아버지의 부탁으로 담임교사가 "철수를 건드리지 말라"고 모두에게 주의를 준 다음에야 친구들의 짓궂은 장난이 조금 줄어들었다.

안철수에게 위안이 된 것은 친구가 아니라 책이었다. 가방 속에는 교과서 외에도 늘 책이 들어 있었다. 함께 수다를 떨며 학교와 집을 오갈 친구도 없었기에 등굣길과 하굣길에도 손에는 책을 꼭 쥐고 다녔다. 책과 바닥만 보고 걸어다녀도 전봇대나 나무에 부딪친 적은 한 번도 없었다.

책벌레였던 안철수에게는 공부하는 방법 역시 책을 깊이 탐독하는 것이었다. 가장 잘하는 과목은 국어였다. 고등학교에 진학해 국어시간에 배우는 지문의 내용이 어려워지자 그동안 독서로 다져놓은 실력이 빛을 발했다. 동급생들보다 문장과 행간의 독해력이 뛰어났기 때문이다.

영어와 수학의 공부방법도 다르지 않았다. 친구들이 문제집을 몇 권 풀고 참고서를 몇 번 봤다고 이야기할 때, 안철수는 같은 책을 몇 번이고 되풀이해 보면서 내용을 다 이해할 때까지 읽고 또 읽었다. 수학도 마찬가지였다. 원리를 명확히 알고 넘어가는 그의 공부방식은 고3이 되자 뒤늦게 효과가 나타났다. 고등학교 2학년이 될 때까지, 한 번도 1등 근처에 가보지 못했던 안철수가 3학년이 되어 치른 첫 시험에서 2등을 하고 나서부터 성적이 쑥쑥 오르기 시작한 것이었다.

하지만 대학생활은 순탄하지 않았다. 성적이 평생 지고 다닐 멍에가 되는 의대생들에게 경쟁은 필연적이다. 게다가 그가 다니는 대학은 전국에서 가장 공부 잘한다는 학생들이 모인 곳이었다. 레지던트 시험에서도 학부 때의 성적은 중요한 지표가 되며, 반에서 10등 안에는 들어야 원하는 과에 지망할 수 있다고 했다. 그 등수

안에 들기 위해 밤낮 없이 공부하는 비인간적인 생활, 대학 입시를 앞둔 수험생과 같은 생활을 대학에 다니는 내내 해야 한다는 것은 사실 너무나 잔인한 일이었다.

1학년 겨울방학, 부산에서 방학을 보내고 난 안철수에게 그만 탈이 나버렸다. 불쑥 이 생활이 지긋지긋하다는 생각이 든 것이다. 도저히 서울로 돌아갈 마음이 들지 않았지만, 그래도 성적을 유지하기 위해서는 일찍 돌아가 공부를 시작해야 했다. 방학이 끝나기 일주일 전, 서울로 돌아와 하숙방 문을 열자 빈 책상이 그를 맞았다. 다시 혼자가 된 것이다. 아버지와 어머니도, 따뜻한 고향음식도 없었다. 반겨주는 이 하나 없이, 책장에는 그 좋아하는 소설책 한 권 없이 오로지 그가 파고들어 싸워야 하는 전공서적들뿐이었다. 마음을 털어놓을 친구도 하나 없었다.

'부모님은 성적이 잘 나온 걸 보고 내가 서울에서 잘 지내고 있다고만 생각하시겠지.' 그러자 눈물이 북받쳤다. 공부가 너무 힘이 든다고, 부산에 전화해 어머니의 목소리를 듣자 눈물은 걷잡을 수 없이 터져나왔다. 놀란 어머니가 한 달음에 서울로 달려와 그를 데리고 부산으로 내려갈 때까지, 어머니 앞에서, 기차를 타고 가면서도, 한번 터진 눈물은 멈출 줄을 몰랐다.

서울에 가자마자 다시 돌아온 아들이 걱정이 된 안영모는 그에

게 잘 아는 정신과 의사를 소개했다. 심신이 지쳐 있던 안철수에게
의사의 조언은 썩 와닿지 않았다. 의사는 의대 공부만 하다 보니 시
야가 너무 좁아져서 그렇다며 이제는 서클 활동도 하고 친구도 사
귀며 놀러 다니기도 하라고 조언했다. 하지만 그렇게 시간을 쓰다
보면 성적은 떨어질 것이다. 결국 안철수 자신에게 달린 문제였다.

　팍팍한 의대 생활을 끝까지 해내려면 자기 자신에 대한 구속과
기대를 어느 정도 풀 수밖에 없었다. 바이올린도 현을 음계와 상관
없이 팽팽하게 당기기만 하면 목이 휘고 만다. 사람인 이상 긴장
한 상태를 항상 유지하는 것은 불가능하다. 미련하게도 안철수에
겐 그러한 깨달음이 의대에서 1년 동안 자신을 소진시킨 다음에야
찾아온 것이었다.

가지 않은 길이
내 길이다

김미경 서울대 의대 교수에게는 '안철수의 아내'라는 수식어가 그
림자처럼 따라다닌다. 유명한 남편을 두었으니 어쩔 수 없는 일이
라지만 한 남자의 아내라고 한정해 부르기에는 그녀 자신이 걸어
온 길 또한 그 남편 못지않게 아득하고 넓다. 안철수의 서울대 의

대 한 학번 후배인 김미경은 의대를 졸업하고 15년 동안 성균관대와 삼성 서울병원에서 병리 전문의로 일했다. 초창기에 따로 사무실을 구하는 것조차 여의치 않았던 안철수가 신혼집에서 안철수연구소를 시작했을 때, 김미경은 병원에서 받는 월급으로 안철수연구소의 직원 월급을 충당했다. 안철수는 매체와 인터뷰할 때마다 고생한 아내에 대한 고마움의 표시를 잊지 않는다.

그러다 2002년, 김미경은 나이 마흔에 의사 가운을 벗고 미국으로 유학을 떠난다. 법학을 공부하기 위해서였다. 막연하게 40대가 되면 새로운 일을 하고 싶다고 생각해오다가, 의약분업을 둘러싼 분쟁이 일종의 계기를 마련해준 셈이 되었다. 당시의 심경을 그녀는 〈조선일보〉와의 인터뷰에서 이렇게 말했다.

"의사의 삶은 대중을 상대하는 것이고 여러 가지 법적인 문제, 윤리적인 딜레마가 뒤따른다. 그런데 의대 다닐 때 그런 공부를 전혀 한 적이 없다. 의료분쟁, 법적 분쟁을 해결하는 방법을 배운 적이 없으니 사회에 나가 어떤 문제에 닥쳐도 그걸 판단할 기본적 도구가 없다. 그 무렵 의약분업이 있었다. 그때 내가 성균관의대 삼성병원 교수였는데 분업에 반대하는 서명을 하라고 하더라. 뭣보다 판단이 잘 서질 않았다.

그것이 김미경이 법률가로서 제2의 인생을 시작한 출발점이었
다. 2002년에 워싱턴 주립대 법대에 입학했고, 2005년에는 스탠포
드 대학 법대 생명과학 연구과정에 진학했다. 캘리포니아 주와 뉴
욕 주에서 변호사 시험에 합격한 뒤 스탠포드 대학 의대에서 조교
수로 발령도 받았다.

의학과 법학, 한 분야만 공부하기도 벅찬 학문을 그녀는 어떻게
해냈을까. 하지만 테크놀로지와 분자생물학과 밀접한 관련이 있
는 병리 전문의를 오래 했던 김미경은 특허법이나 의료법에 관심
을 가지게 된 것이 자연스러운 것이었다고 설명한다. 우리나라 법
대에는 의료법이나 특허법을 특화해서 가르치는 프로그램이 없었
고, 바이오테크놀로지의 가장 큰 시장이 미국이기도 해서 유학을
결심한 것이라고.

스탠포드 의대에 머무는 것이 아니라 귀국을 선택한 김미경은
2008년 카이스트에 둥지를 튼다. 그녀가 카이스트에서 대학원 두
곳을 오가며 특허법을 가르치는 동안 안철수는 아내의 뒤를 따라
기술경영전문대학원에 고빙되어 기업가정신을 강의했다. 그리고

이번에는 안철수가 먼저 서울대 융합과학기술대학원으로 자리를 옮기자 김미경도 뒤따라 서울대 의대에서 출강 제안을 받았다. 카이스트에 나란히 출강하던 부부가 세트로 서울대에 스카우트된 셈이다. 유례 없는 일이다. 부창부수라는 말이 이처럼 어울리는 부부도 드물 법한 케이스다.

서울대 재학시절 가톨릭 학생회 진료봉사 서클에서 안철수를 처음 만난 김미경은 그를 본 인상을 "서클에서 고혈압에 대한 특강을 하더라. 똑똑하다고 생각했다"고 기억했다. 둘은 봉사활동을 갔다가 친해진 뒤로 도서관에서 서로 자리를 잡아주면서, 공부하다 잠시 쉬는 짬을 내어 자판기 커피를 서로에게 뽑아다주면서 자연스럽게 캠퍼스 커플이 되었다.

〈무릎팍도사〉에 출연한 안철수는 부인과 어떻게 만나게 되었냐는 질문에 "우리 둘 다 주변 눈치 보지 않고 하고 싶은 걸 하는 스타일인데 그렇게 둘이 붙어다니다 보니까 우리도 모르게 이미 학교에서는 유명한 커플이 되어 있더라"고 답했다. 김미경은 "내 공부를 많이 도와줬다. 도움이 될 만한 책을 추천해주고. 전에는 기숙사에서 공부하던 사람이 언제부턴가 도서관 내 옆자리에 앉아 있더라" 하고 회상한다.

김미경이 딸을 데리고 먼저 미국으로 유학을 떠나고, 뒤이어

2005년 안철수가 펜실베이니아 와튼 스쿨에서 MBA 과정을 시작하면서 가족 모두가 미국 생활을 하게 되었을 때도 가장 기억나는 것은 도서관에서 셋이 머리를 맞대고 공부를 하던 추억이라고 한다. 딸한테도 "공부는 숨을 쉬는 것과 같다"고 말하는 공부벌레 부부에게, 공부란 숨쉬는 것과 다르지 않은 어떤 것이다. "숨은 한꺼번에 쉬거나 멈추는 게 아닌 것처럼 공부도 마찬가지다. 어차피 공부의 길로 들어섰다면 삶의 일부로 받아들여야 한다."

안철수의 어머니가 미국에 있는 아들 며느리 내외를 보러 갔다가 내내 공부만 하던 세 식구를 조용히 지켜보기만 하다 돌아왔다는 이야기도 책벌레 가족의 단면을 짐작케 하는 유명한 일화다.

안철수가 남들 다 가는 임상의의 길이 아닌 생리학을 공부하는 연구원의 삶을 택했을 때, 김미경은 남편이 '노벨상도 받을 수 있겠구나' 하는 확신이 들었다고 한다. 그렇지만 안철수가 끝내 의사를 그만두고 자신의 이름을 딴 벤처기업을 세워 백신 프로그램 개발에 투신하기로 했을 때, 그녀는 아쉬워하면서도 크게 반대하지는 못했다. 뒤에 의대 교수, 병리 전문의라는 직함을 버리고 다시 학생으로 돌아갈 때 '자신을 넓혀가는 일'이라며 그녀를 격려해준 것도 남편 안철수였다. 의대를 졸업했지만 다른 분야에서 각자 새로운 인생을 열어가고 있는, 인생의 좌표도 부부는 그토록 닮은 꼴이다.

아마 안철수가 박사학위 과정 중에 맞닥뜨린 컴퓨터 바이러스가
아니었다면 지금 그는 아주 다른 인생을 살고 있을지도 모른다. 그
랬다면 그의 아내가 말한 것처럼 전기 생리학 분야의 연구를 계속
해나가다, 마침내 우리나라 최초로 노벨생리의학상을 받는 주인공
이 될 수도 있었을까. 1988년, '(C)브레인'이란 이름의 컴퓨터 바이
러스가 안철수의 플로피 디스켓을 감염시킨 것은 아주 작은 우연
에 불과했지만, 그 뒤에 일어난 일련의 일들을 생각한다면 미국 텍
사스 주에 허리케인을 일으킨 중국 나비의 날갯짓 같은 것이었다.

손을 씻지 않고 컴퓨터를 만지면 바이러스에 감염될 수 있다는
믿음이 퍼질 만큼, 컴퓨터 바이러스에 대해 무지하던 시절이었다.
바이러스는 공기나 물을 통해 전파되며 감염된 사람이나 동물에
게 질병을 앓게 만든다. 컴퓨터 바이러스도 마찬가지다. 인터넷이
나 네트워크를 통해, 또는 플로피 디스크, CD, DVD, USB 등과 같
은 이동식 매체를 통해 한 컴퓨터에서 다른 컴퓨터로 끊임없이 확
산될 수 있다.

브레인은 1986년 개인용 컴퓨터에서 발견된 최초의 바이러스다.
파키스탄의 프로그램 개발자 형제가 프로그램을 판매하는 사업을

시작했는데, 하나만 팔아도 곧 불법복제가 성행하여 정품 프로그램의 판매가 제대로 이루어지지 않자 불법복제를 방지하기 위해 만든 프로그램으로 알려져 있다. 당시만 해도 이동식 매체로 가장 많이 사용되던 플로피 디스크를 통해 파키스탄과 미국을 거쳐 3년 만에 안철수가 쓰던 컴퓨터에까지 침입하게 된 것이다. 미국 주간지 〈비즈니스 위크〉가 처음에 이를 '파키스태니 플루Pakistani flu'라고 부른 것도 바이러스의 진원지가 파키스탄이었기 때문이다.

안철수는 '의사'의 눈으로 바이러스에 접근했다. 이미 미국에서는 '안티-바이러스 프로그램'이란 것이 개발되어 시중에서 판매되고 있었지만, 그걸 살 돈도 기다릴 시간도 없던 그는 스스로의 힘으로 '치료'를 해보리라 마음먹었다. 바이러스에 감염된 과정을 거꾸로 따라가면 치료할 수 있겠다고 생각한 것이다. 컴퓨터 언어 공부를 막 끝낸 참이었던 안철수에게는 절묘한 시점이기도 했다.

바로 '의사' 안철수가 '컴퓨터 의사' 안철수로 생애의 2장을 연 순간이었다. 그렇게 해서 탄생한 것이 '안티-바이러스'가 아닌 '컴퓨터 백신'이라는 이름으로 세상에 알려진 한국 최초의 치료 소프트웨어였다. 의사 안철수에게는 바이러스를 퇴치하는 것보다 바이러스에 감염된 컴퓨터를 '치료'하는 것이 더 옳은 접근으로 여겨졌기 때문이다.

백신 프로그램을 개발한 안철수는 그 프로그램을 디스켓에 담아서 컴퓨터 잡지를 발행하는 회사로 찾아갔다. 자신이 만든 백신 프로그램으로 바이러스에 감염된 컴퓨터를 고칠 수 있다는 사실을 알리기 위해서였다. 그는 새로운 바이러스가 나타날 때마다 백신 프로그램을 만들어 무료로 보급하는 생활을 7년이나 지속했다. 낮에는 의사로서의 연구활동에, 밤에는 백신 개발에 매진하는 이중생활이었다. 군의관으로 군대에 입대하는 날 아침까지 백신 프로그램을 업데이트하느라 가족들에게 입대 사실을 알리지 못한 것도 유명한 일화다.

안철수가 군대에 갔다고 해서 바이러스의 활동이 멈추는 것은 아니었으므로, 이중생활의 고단함은 군대에서도 계속되었다. 개인용 컴퓨터의 보급이 일반화되면서 바이러스의 종류나 전파속도는 전과 비교할 수 없을 정도로 많아지고 빨라졌다. 바이러스의 속도와 양을 따라잡기 위해 백신 개발자로서의 안철수에게 부과된 책임도 더욱 무거워지고 중요해졌다. 그가 '백신'이라 이름 붙인 최초의 프로그램은 V2와 V3로 진화를 거듭하며 지금까지도 업그레이드가 이루어지고 있다.

이중생활의 무게는 안철수의 어깨를 짓누르는 짐이었다. 주위 사람들은 돈도 안 되는 백신 개발 그만 하고 본업에 충실하라고 조언

했고, 안철수도 인터뷰에 응할 때마다 제대하면 학교로 돌아갈 것
이라고 계획을 말해왔던 터였다. 스물일곱이란 젊은 나이에 단국대
의예과 학과장으로 취임하며 우리나라 최연소 학과장이라는 타이
틀을 달게 된 그에게 백신 개발자의 삶은 그때까지만 해도 자신의
인생에서 중요한 위치에 놓을 만한 것이 아니었다. 대학시절 의료
봉사활동을 했던 것처럼, 자신이 받은 것을 조금이라도 주변에 돌
려주기 위한 나눔의 연장선상일 뿐이었다.

　제대를 하고 나서 선택의 기로에 선 안철수는 고민에 빠졌다. 그
를 움직인 것은 누가 더 자신을 필요로 하는가였다. 의사는 많지만
'컴퓨터 의사'는 안철수뿐이었다. '안철수연구소'의 작지만 힘 있
는 첫발이었다.

천만 달러보다
값진 영혼

지금은 연매출이 600억 원이 넘고 영업이익도 100억에 육박하는
견실한 기업으로 성장했지만, 안철수연구소가 처음부터 승승장구
했던 것은 아니다. 안철수가 구상했던 것은 지금과 같은 주식회사
가 아니라 비영리법인 형태의 컴퓨터 바이러스 연구소였다. 그는

자신이 개발한 프로그램의 소스 및 자료 일체를 무상으로 제공한다는 조건을 제시하며 대기업과 정부기관을 설득했지만 돌아오는 반응은 신통치 않았다. 그가 전부터 무료로 제공해오던 프로그램을 개발하기 위해 비용을 들여 연구소를 세워야 한다는 것을 이해하지 못하는 사람들도 많았다.

안철수가 이상적으로 생각했던 모델은 개인용 컴퓨터를 생산하는 대기업과 PC통신업체 간의 컨소시엄을 구성하는 것이었다. 양자가 공동출자하여 연구소를 꾸려나가고 연구소에서 개발된 백신 프로그램은 자신이 그래왔던 것처럼 일반에 무료로 제공하는 방식이었다. 안철수는 이 외에도 대기업이 사회공헌 차원에서 단독으로 연구소를 운영하는 방안, 정부기관에서 연구소를 설립해 공익 목적으로 운영하는 방안 등을 놓고 다면적으로 검토했으나 어느 것 하나 신통한 결론이 나는 것은 없었다.

안개 속에 있던 안철수에게, 한글과컴퓨터사에서 생각지도 못한 반가운 제안을 해왔다. 연구소의 운영과 프로그램 개발을 안철수가 맡고 한글과컴퓨터가 V3의 독점판매권을 갖는다는 조건이었다. 독점판매권을 보유하게 되면 매출 5억 원을 보장하겠다는 약속도 뒤따랐다.

안철수가 처음에 생각했던 비영리법인이 아니라 주식회사라는 것이 마음에 걸렸지만, 미국 유학을 앞두고 있던 안철수에게는 한 줄기 빛과도 같은 제안이었다. 그렇게 해서 1995년 2월, 우여곡절 끝에 안철수연구소는 '안철수컴퓨터바이러스연구소'라는 이름으로 험난한 앞길이 기다리고 있는 여정의 첫 걸음을 떼게 되었다.

어렵사리 회사를 세우긴 했지만 당시에는 V3가 무료로 이용할 수 있는 소프트웨어라는 인식 때문에 시장이 아예 없는 것이나 마찬가지였다. 기술을 개발하면서 시장이 열리기를 기다려야 하는 불안한 상황이 지속되었고, 게다가 몸은 미국에 있으면서 대표로서 회사 일을 병행해야 했기에 고단함은 두 배가 되었다. 낮에는 의사, 밤에는 백신 개발자로 살던 생활보다 힘든 나날이었다.

하지만 둘 다 포기할 수 없었다. 안철수가 유학을 선택한 것부터가 경영을 잘하기 위해서였다. 아무런 경험도 없는 채로 덜컥 회사부터 차린 것이라 경영학 공부를 한시도 늦출 수 없었고, 한글과컴퓨터의 출자를 받는 조건 중 하나가 그가 연구소의 대표이사를 맡는 것이었기 때문에 책임을 피할 수도 없었다. 안철수가 입학한 펜실베이니아 대학의 EMTM Executive Master of Technology Management 과정은 일종의 테크노 MBA 과정으로, 첨단기술의 경영에 관계된 부분을 배울 수 있었기에 이제 막 벤처기업을 시작한 그에게 맞춤하다 할 수 있었다.

공부를 하는 사이사이에도 한국에서 중요한 관계사의 요청이 있으면 만사를 접고 귀국길에 올라야 했다. 매달 한 번 이상 한국에 들어와야 하는 상황이 발생해 공부를 할 때도, 회사 일을 할 때도 시간은 늘 부족했다. 무엇보다 잠이 부족했다. 이틀에 하루는 밤을 새우는 생활이 반복되던 2년간의 시간에 마침표를 찍을 수 있게 되었을 때, 안철수의 머릿속에 든 생각은 '마침내 지옥에서 벗어났다'는 것이었다. 유학생활을 마치고 귀국하자마자 급성간염으로 병원에 입원해야 할 정도로, 펜실베이니아에서의 2년은 몸도 돌보지 않고 일과 공부에만 매진한 혹독한 나날들이었다.

1997년, 졸업이 얼마 남지 않은 안철수에게 또 한번의 기회가 찾아온다. 미국 맥아피사의 인수 제의가 그것이다. 아시아에서 일본에 이어 제2의 백신 시장으로 성장해 있던 한국은 미국 보안기업들의 눈에 매력적인 신천지였다. 당시만 해도 컴퓨터 백신 프로그램을 개발하는 한국 업체 중에서 외국 회사가 인수협상 대상으로 고려해볼 만한 회사는 안철수연구소가 유일했다. 보유한 기술력, 사업규모, 인지도 등 모든 면에서 다른 회사들과는 비교가 되지 않았다. 삼성SDS와의 제휴로 삼성그룹에 제품을 공급할 수 있는 통로를 확보한 지 몇 달이 지난 뒤의 일이었다.

맥아피는 일본의 컴퓨터 보안회사 제이드를 인수하며 아시아 시장에 대한 야심을 노골적으로 드러내고 있었다. 빌 라슨Bill Larson 회장이 당시 인수조건으로 안철수에게 제시한 금액은 천만 달러였다. 라슨은 미국에서 요트를 타면서 평생 편안하게 보낼 수 있다며 안철수를 집요하게 설득했다. 안철수연구소가 직원들의 월급도 제때 주지 못할 만큼 어렵던 시절이었다. 하지만 그가 안철수에게서 들은 대답은 "우리 회사는 팔 물건이 아닙니다"라는 것이었다.

안철수의 그 같은 결정은 회사가 맥아피에 인수될 경우 구조조정으로 기존의 직원들이 직장을 잃고 장기적으로는 기초가 허약한 국내 백신 시장을 맥아피 같은 외국 회사에게 내주는 결과가 될 수도 있다는 복합적인 우려 때문이었다.

그리고 불과 2년 뒤인 1999년 안철수연구소는 국내 보안업계 최초로 매출 100억 원을 달성했다. CIH 바이러스로 전국에서 110만 대 이상의 컴퓨터가 감염되어 엄청난 피해를 입었는데, 안철수연구소가 이 바이러스의 활동에 대해 미리 경고한 것이 뒤늦게 주목을 받았다.

컴퓨터 바이러스의 무서움에 대해 사회적으로 경각심을 일깨운 이 사건을 계기로 컴퓨터 보안의 중요성이 환기되면서, 안철수연구소도 만성 적자에서 벗어나 흑자로 돌아섰다. 다시 5년 뒤인 2004년에는 소프트웨어 업체 최초로 순이익 100억 원을 돌파하는 회사로 성장해 이때의 선택이 틀린 것이 아니었음을 증명했다.

다시 출발선에서

2005년, 안철수는 자신의 이름을 내걸고 만든 회사의 대표이사직을 내려놓았다. 다시 학생으로 돌아가기 위해서였다. 생존율이 일반기업의 10분의 1밖에 되지 않는다는 벤처기업으로 출발한 안철수연구소가 창립 10년이 된 해였다. 안정적으로 궤도에 오른 안철수연구소와는 달리 다른 벤처기업은 매우 어려운 상황에 놓여 있었다. 안철수는 자신이 벤처기업을 운영하며 체득하게 된 경험과 능력을 산업 전반에 쓸 수 있으면 좋겠다는 생각으로 장고에 들어갔다.

회사를 세운 지 만 10년이 되던 날, 안철수는 COO에게 대표이사직을 넘겨주고 자신은 경영일선에서 뒤로 물러나겠다고 공표한다. 1년 동안 깊이 숙려한 끝에 내린 결정이었다. 그리고 안철수는 미국으로 두 번째 유학길에 올랐다. 10년 전에는 경영에 대해서는 아무것도 모른 채 이제 막 문을 연 신생회사를 이끌어가기 위한 고군분투였다면, 두 번째 유학은 10년간 회사를 운영하면서 현장에서 느낀 문제점을 풀 방법을 찾아내어 산업 전반에 도움이 되고자 하는 좀 더 넓고 깊은 뜻에서였다.

미국으로 간 안철수는 스탠포드 대학에서 벤처비즈니스 과정을 밟으며 벤처캐피털 회사에서 EIR Entrepreneur in residence, 즉 주재기업가 자격으로 1년을 보냈다. EIR이란 한 분야에서 전문성을 인정받은 기업인이 기업을 운영하며 습득한 자신의 노하우를 제공하는 대신 직원으로 일하면서 새로운 분야에 대해 배울 수 있는 기회를 갖게 하는 과정이다. 2007년 안철수연구소의 사내 벤처로 출발한 소셜 게임업체 노리타운스튜디오는 안철수가 미국에서 익힌 벤처캐피털리스트로서의 역량이 발휘된 결과물이기도 하다.

그 뒤 안철수는 펜실베이니아 대학 와튼 스쿨에서 MBA 과정을 마치고 한국으로 돌아와 카이스트를 거쳐 지금은 서울대 융합과학기술대학원에서 학생들을 가르치고 있다. 교수직을 역임하고 있지만 동시에 안철수연구소 이사회 의장이기도 하다. 그뿐 아니라 지난 2009년 사내 벤처에서 분사해 독립한 노리타운스튜디오의 이사회 의장과 포스코 이사회 의장을 겸직하고 있는 등 그가 맡고 있는 공식 직함만 해도 20가지가 넘는다.

우리나라 최고 학부 출신 의사, 최연소 의대 학과장이라는 선망받는 엘리트의 삶을 버리고 0.1%도 되지 않는 생존확률의 벤처기업에 투신한 점, 사업을 시작한 동기가 컴퓨터 백신 프로그램을 무료로 보급하던 헌신에서 비롯되었다는 점, 더 높이 올라가기 위해, 더 많이 갖기 위해 애쓰지 않은 이타적인 지향점을 가지고도 사회적 성공을 이루었다는 점에서 이제 우리는 안철수를 단순히 존경하는 인물이 아니라 나라의 운영을 맡길 최고지도자 후보로까지 점찍고 있다.

나는 미래 계획이 없다.
그냥 현재를 열심히 살면
그 다음 선택이
나한테 주어진다.

다른 사람의 시선은 개의치 않습니다.
다만 가장 두려운 것은 '어제의 안철수'보다
'오늘의 안철수'가 더 못한 것입니다.

그 어떤 경우에도 책임의 절반은 나에게 있습니다.
내게 고칠 점은 없는지를 먼저 고민하고 노력한다면
그 사람은 다음에 같은 실수를 반복하지 않을 것입니다.

그래서 흔적을 남기는 삶을 살자,
또는 차이를 만드는 삶을 살자입니다.
기왕에 어떤 생명을 가지고 이 세상에 태어났는데,
죽고 나서 존재했을 때와 없을 때 차이가 없다면
참 서글픈 일이 아닌가 합니다.

— 안철수의 신조 중에서

'다이내믹 코리아'는 언제부턴가 대한민국을 한마디로 설명하는 관용구가 되었다. 2002년 월드컵을 앞두고 우리나라를 상징하는 슬로건으로 채택되었던 이 표현을 이제 국가브랜드화하려는 움직임마저 나타나고 있다. '다이내믹 코리아'가 의미하는 바처럼, 우리 사회는 변화의 속도와 폭이 짐작하기 어렵도록 빠르고 넓다. 그 변화를 단순히 '역동적'이라는 표현 안에 담아낼 수 없을 정도다.

2011년 우리 사회를 강타한 이슈 역시 헤아리기 힘들 만큼 많은데, 다음은 그중에 화제가 된 몇 가지 사안이다. 방송사 메인뉴스를 도배한 K-Pop 열풍, 〈도가니〉 영화화로 촉발된 인화학교 재수

사와 장애인 인권문제, 애플의 창립자 스티브 잡스의 사망소식, 곽노현 서울시 교육감의 구속 수사, 팟캐스트에서 다운로드 1위를 기록한 〈나는 꼼수다〉의 인기, 그리고 무상급식 주민투표에서 촉발된 오세훈 전 서울시장의 사퇴……. 하지만 시계를 뒤로 돌려 미래의 눈으로 2011년을 돌아본다면 가장 뜨거운 이슈는 서울시장 재보궐선거를 기점으로 우리나라 정치역사상 가장 드라마틱한 돌풍을 일으킨 안철수 신드롬이 될 것이다.

1년보다 긴 5일

2011년 9월 1일, 〈오마이뉴스〉는 안철수의 재보궐선거 출마설을 긴급 타전했다. 오세훈 전 시장의 사퇴로 공석이 된 서울시장에 무소속 출마를 검토하고 있으며, 출마 결심은 이미 무르익어 세부사항에 대해 측근들과 논의 중이라는 내용이었다.

다음날부터 한나라당과 민주당 등 직접적인 이해당사자인 정치인들은 안철수의 진의 파악을 위해 부산하게 움직였다. 각종 언론매체는 재빨리 안철수를 후보군에 넣어 설문조사를 실시했다. 조사결과는 충격적이었다. 한명숙 전 총리나 나경원 한나라당 최고위

원 등 유력후보들이 망라된 다자구도에서 안철수는 두 배 이상 차이가 나는 압도적인 격차로 지지율 1위를 기록했다. 자연인 안철수는 그가 출마의사를 공식화하기도 전에 당선이 확정적인 유력 정치인이 되어 한나라와 민주 양당이 '너는 누구 편인가'를 묻는 촌극을 연출했다.

한나라당도, 민주당도 섣불리 입장을 내놓지는 않았지만 말을 아끼는 그 신중함 뒤에 자리한 것은 일종의 설렘이었다. 민주당에서는 불법 정치자금 수수 재판의 항소심을 앞두고 있어 운신의 폭이 좁은 한명숙과 의원직을 사퇴하고 일찌감치 후보등록을 한 천정배, 그리고 박영선, 신계륜, 추미애 의원 등이 후보로 거론되고 있었지만 손학규 대표는 밖으로 눈을 돌려 박원순 희망제작소 상임이사를 영입하는 데 관심을 보이고 있었다. 한나라당은 유력후보로 꼽힌 나경원 외에 출마 선언을 한 김충환, 서울시 부시장 출신 정두언 등이 물망에 오르고 있었다. 두 당은 안철수의 등장이 자신들에게 어떤 이해득실을 가져다줄지 계산하느라 바빴다.

민주당은 안철수의 출마선언이 임박했다는 소식을 듣자 속내는 복잡했지만 일단 반가워하는 기색이었다. 고만고만한 후보들을 두고 고민하던 민주당 입장에서 신선도나 화제성 면에서 안철수를 넘어설 인물이 없었으니 어찌 보면 환영하는 게 당연했다. 민주당 입장에서 안철수는 당연히 '우리 편'이었던 것이다. 마찬가지 이유로 한나라당은 경계하는 기색을 보이며 언급을 자제했다.

하지만 '보수의 책사'로 불리는 윤여준이 안철수의 대변인을 자처하며 한 언론과 통화한 내용이 기사화되자 분위기는 금세 바뀌었다. 청춘콘서트의 기획자로 안철수의 멘토이기도 한 그가 신군부에서 김영삼 정부에 이르기까지 요직을 거친 여권 인사라는 것, 그리고 그의 입을 통해 안철수가 야권연대에 관심이 없다고 밝힌 내용이 보도되면서 진보 쪽 매체의 논조는 비판적으로 변했다. 진보보다는 중도 보수에 가까운 안철수의 성향, 정치 경험이 일천한 점 등을 거론하며 서울시장에 적합한 사람인지에 대해 의문을 제기했다.

한나라당과 민주당의 표정도 바뀌었다. 안철수를 영입하는 것이 가장 파괴력 있는 결과를 가져오겠지만 그가 무소속으로 출마해 야권 통합후보와의 표 대결에서 젊은 층의 표를 분산시킨다면 한나라당은 반사이익을 기대할 수도 있었다. 어느 쪽이든 한나라당으로서는 양손에 쥔 꽃놀이패였던 셈이다.

하지만 안철수가 '현 집권세력의 정치적 확장을 반대'한다며 반(反)한나라당 입장을 분명히 밝히고 나서자 정계는 또 한번 요동쳤다. 안철수가 〈오마이뉴스〉의 오연호 대표기자와 가진 인터뷰에서, 그는 선거에 출마하는 후보들이 관용어처럼 사용하는 '정권 심판'

대신 '응징'이라는 강한 단어를 입에 올리며 서울시장 재보궐선거를 치르게 된 것은 한나라당이 원인을 제공했으니 마땅히 응징하고 대가를 치르도록 해야 한다는 의견을 피력했다.

발등에 불이 떨어진 건 한나라당이었다. 당장 후보 선정에서부터 비상이 걸렸다. 당내에서는 나경원이 가장 높은 지지율을 보이고 있었지만 각종 매체의 여론조사 결과에서 안철수에게 세 배 이상 뒤지며 '안철수 대항마'로는 힘이 달린다는 평가였고, 외부로 눈을 돌려도 안철수의 압도적인 독주를 막을 수 있는 인사는 눈에 띄지 않았다. 무엇보다 안철수 바람이 정치권을 강타하고 있는 와중에 선뜻 한나라당에 입당해 후보로 나설 만큼 '간 큰' 외부인사가 없다는 것이 문제였다.

9월 6일, 이날은 안철수가 마침내 5일간의 드라마에 마침표를 찍으며 화려하게 퇴장한 날이다. 오후 4시, 그는 박원순과의 단일화 회동을 마친 뒤 기자들 앞에 섰다. 기자들은 그의 말을 행여 한마디라도 놓칠세라 가까이 가기 위해 안간힘을 썼다. 그의 말을 자세히 듣기 위해, 또 그를 가까이에서 찍기 위해 자리다툼을 하느라 기자들 사이에서 몸싸움이 벌어질 지경이었다.

안철수는 "자격이 있는 분의 출마 의지가 굳으시니 제가 물러나는 것"이라며, "박 변호사는 사회를 위해 헌신하며 시민사회운동

의 새로운 꽃을 피운 훌륭한 분으로, 서울시장직을 누구보다 잘 수
행할 것으로 생각한다"고 자신의 입장을 전했다. 서울시장 재보궐
선거에 불출마 선언을 하는 동시에 박원순에 대한 지지를 표명하
는 순간이었다.

출마의사를 공식화하기도 전에 '서울시장 안철수'에 대한 온갖
시나리오가 전개되며 선거에서 태풍의 눈으로 등장한 안철수가 불
출마로 최종입장을 정리하기까지, 이 기간은 그 스스로도 말한 것
처럼 "1년보다 긴 5일"이었다. 시사평론가 진중권은 변화무쌍한
대한민국의 정치현실에서 5개월은 조선왕조 5백 년과 맞먹을 정
도로 많은 변화가 일어나는 시간이라고 말한 적이 있는데, 그중에
서도 안철수가 신드롬에 가까운 돌풍을 일으키며 번개처럼 등장했
다 퇴장한 5일은 대한민국 정치사에서도 가장 극적인 시간으로 기
록될 것이다.

"아무런 조건도 없습니다. 제가 출마 안 하겠습니다. 방금 말
씀하신 대로 꼭 시장 되셔서 그 뜻 잘 펼치시기 바랍니다."

단일화 회동에 걸린 시간은 불과 20분 남짓, 그 시간을 거의 박
원순의 말을 경청하는 데 사용한 안철수가 한 말은 고작 위의 세

마디에 불과했다고 한다. 언론매체들은 50%의 지지율을 점유하는 유력후보가 5% 지지율의 후보를 위해 대승적인 결단을 내렸다며, 대한민국 정치에서 그동안 볼 수 없었던 아름다운 양보라고 추켜세웠다. 박원순은 "정치권에서 볼 수 없는 아름다운 합의를 했다고 생각한다"고 답하며 "더 큰 책임감을 느끼고, 기존의 정치가 아닌 새로운 시대를 열어가는 대의에 함께하겠다"고 다짐했다. 선거 결과는 이미 전 국민이 알다시피, 민주당과 경선을 통해 야권 단일화 후보가 된 박원순이 한나라당 후보로 나선 나경원을 누르고 서울시장에 당선되었다.

청춘콘서트, 안철수를 '발견'하다

안철수는 박원순에게 후보를 양보하고 자기 자리로 돌아갔지만, 그의 '안철수식 정치'는 이제 시작이라고 보는 관측이 많다. 뉴스통신사 〈뉴시스〉는 안철수가 불출마 의사를 밝힌 9월 6일, 여론조사 전문기관 모노리서치에 의뢰해 긴급 여론조사를 실시했다. 차기 대선 가상후보 대결에서 안철수의 지지율은 42.4%, 한나라당 박근혜 전 대표의 지지율은 40.5%를 기록했다. 비록 1.9%라는 근소한 격차에 불과했으나 '박근혜와 난쟁이들'이라고 불릴 정도로 대권에 나올 가능성이 있는 야권 후보들에 비해 박근혜가 철옹성처럼 변함없는 지지율을 유지해온 상황이었기에 충격은 컸다.

안철수가 1,500억 원 상당의 안철수연구소 주식을 기부하겠다고 발표한 뒤로 격차는 눈에 띄게 벌어졌다. 〈경향신문〉은 리얼미터가 11월 4주차에 실시한 조사에서는 안철수가 52.5%, 박근혜가 37.4%를 얻어 15% 이상 안철수가 앞섰다고 보도했다.

물론 야권 후보들을 포함한 다자구도에서는 여전히 박근혜가 지지율 1위를 달리고 있고, 안철수와의 양자구도에서도 조사기관에 따라 박근혜가 근소하게 앞서는 결과가 나타나기도 한다. 하지만 그보다 몇 년 동안 부동의 1위를 지켜온 '박근혜 대세론'이 처음으로 깨어졌다는 점에서, 그리고 그것을 해낸 사람이 기성 정치인이 아닌 안철수라는 점에서 '안철수 신드롬'은 지나가는 바람 이상의 의미를 지닌다. 이제 1년여 남은 18대 대선정국에서 안철수는 그의 뜻과는 상관없이 무대의 주요 등장인물을 맡게 될 것이다. 그가 대선에 출마를 하든 안 하든 그는 갑작스럽게 등장한 변수가 아닌 상수로 계속 사람들의 입길에 오르내릴 것이다.

김어준이 진행하는 인터넷 라디오 〈나는 꼼수다〉에 출연한 유시민 당시 국민참여당 대표는 이 '안철수 신드롬'에 대해 의미심장한 한마디를 던졌다. "안철수 씨가 뜨려고 노력해서 떴습니까? 아닙니다. 사람들이 그를 '발견'한 거지요." 이 말은 민심이 누군가가 의도해서 만들어가는 것이 아니라 대중이 욕망하는 것을 어떤 사람을 통해 스스로 깨닫게 된다는 뜻으로 풀이된다. 그렇다면, 우리는 어떻게 안철수를 '발견'하게 된 것일까? 아니, 왜 다른 사람이 아닌 '안철수'인가?

안철수가 '닮고 싶은 롤모델'에서 '따르고 싶은 리더'로, 일견 비슷한 듯하지만 그 위상에 미묘한 변화가 일기 시작한 것은 2009년부터 전국 대학을 돌며 진행하기 시작한 대학생들과의 토크쇼, 즉 '청춘콘서트'라는 명칭으로 콘서트 열풍의 진원지가 된 대담식 강연이 열띤 호응을 얻으면서부터다.

2009년 이화여대에서 처음 시작한 청춘콘서트는 안철수가 미국 유학 시절 유명 벤처캐피털리스트인 존 도어John Doerr의 강연회에서 힌트를 얻은 것이다. 단상을 앞에 두고 청중을 향해 말하는 형식이 아니라 무대 위에 마련된 소파에 앉아서 진행자와 대담을 나누는 토크쇼 형태의 강연이다. 한국에 돌아와 리더십 강연을 제안받은 그는 대담 파트너로 박경철을 떠올렸다.

이것이 전국 32개 도시를 순회하며 5만 명 이상의 청중이 다녀간 청춘콘서트 열풍의 시작이다. 박경철은 이 토크쇼를 전국의 지방대로 확장할 것을 현장에서 제안했고, 이렇게 해서 일회성으로 끝날 운명이었던 대담식 강연은 '청춘콘서트'라는 하나의 브랜드가 되어 규모를 확장해갔다. 평화재단이 결합해 콘서트의 주최기관이 되었고, 평화재단의 법륜 스님, 서울대 법학전문대학원의 조국 교수, 김종인 전 청와대 수석, 연예인 김제동과 김여진 등이 초대손님으로 합류했다.

안철수를 만나기 위해 젊은이들이 구름처럼 몰려들었다. 인터넷 예약은 시작하자마자 금방 정원이 찼고, 매 강연마다 적게는 1,000여 명에서 많게는 5,000명이 넘는 인파가 운집했다. 강연이 있는 날은 강연장에 들어가기 위해 수백 미터씩 줄을 서는 것도 예사였다. 2011년 9월 9일 대구에서 열린 마지막 콘서트에서, 안철수는 "젊은이들이 사회의 구조적인 문제에 짓눌려 어깨를 펴지 못하는 것 같아 안타까웠다"며 "젊은이들을 돕고 용기를 불어넣어 주고 싶었다. 그들에게 용기를 불어넣어 주는 게 그동안 청춘콘서트를 해온 이유"라고 말했다.

박원순으로 단일화를 결정하고 나서 가진 기자회견에서도 안철수는 비슷한 맥락의 말을 했다. "성원해주신 분들을 잊지 않고 사회를 먼저 생각하고 살아가는 정직하고 성실한 삶으로 보답하겠습니다. 더불어 경쟁으로 살아가는 미래 세대들을 위로하고 싶습니다"라는 것이 바로 그것이다.

여태까지 20대를 바라보는 시선은 상반된 두 가지만이 존재했다. '왜 도전하지 않느냐'며 질타하거나 '너희 참 힘들겠구나' 하며 연민하는 것이다. 그러나 용기가 없다고 꾸짖는 전자의 목소리도, 고단한 현실을 타개하는 데엔 아무런 도움이 되지 않는 말뿐인 연민도 20대에게 큰 울림을 전해주지 못했다. 아마도 젊은이들에게 안철수는 '이렇게 힘든 세상을 만들어놔서 미안하다'라고 말한 첫 번째 어른일 것이다.

우석훈과 박권일이 함께 쓴 《88만 원 세대》는 기성세대가 젊은 세대를 바라보며 '요즘 젊은 것들'이라며 개탄하는 목소리 사이에서 '너희 잘못이 아니야. 사회가 잘못된 거지'라고 처음으로 이야기해주는 책이었다. 안철수는 여기서 한 걸음 더 나아가 어려움에 처한 젊은이들의 멘토 역할을 기꺼이 자임했다. 젊은이들은 청춘콘서트를 향한 뜨거운 호응으로 화답했다.

"어느 누구도 민심을 쉽게 얻을 당연한 권리를 가지고 있지 않습니다. 제게 보여주신 기대 역시 우리 사회 리더십에 대한 변화 열망이 저 자신을 통해 표현된 것이라 생각합니다."

박원순과의 단일화를 발표하는 기자회견에서 한 안철수의 이 말은 특히 귀담아들을 만하다.

정치계에서 영입의 우선순위로 꼽히는 인물이긴 했으나 그 드라마틱한 5일 이전까지는 누구도 정치지도자라고 생각해본 적 없는 안철수는 이제 유력한 대선주자로까지 거론되고 있다. 이 너무나도 극적인 변화를 몰고 온 동인은, 유시민이 말했듯 안철수의 노력이 아니라 우리 안의 열망이다.

꿈을 잃은 20대의 눈물

안철수가 서울시장 재보궐선거에서 불출마 의사를 밝힌 뒤, 각 언론사들은 안철수와 박근혜를 놓고, 때론 '난쟁이들'이라 불리는 다른 후보들을 포함해서 연일 여론조사 결과를 발표하느라 바빴다. 결과에서 주목할 만한 부분은 누가 우세한가가 아니라 차기 대선구도에서 안철수과 박근혜가 대결한다면 전통적인 '지역 대결'이 아니라 '세대 대결' 성격으로 치러지리라는 예측이 나온다는 점이다.

조사기관에 따라 수치는 조금씩 차이가 나지만 공통되는 결과는 2040세대에서는 안철수가, 5060세대에서는 박근혜가 우위로 나타나고 있다는 사실이다. 〈뉴시스〉와 모노리서치가 공동으로 조사한 결과에 따르면 안철수는 20대 이하에서 59.4%, 30대 62.8%, 40대 55.4%로 박근혜에 뚜렷한 우위를 점하고 있다. (〈동아일보〉와 코리아리서치가 서울시민을 대상으로 한 다른 조사에서 안철수의 30대 지지율은 74.4%까지 치솟는다.) 박근혜는 50대에서 48.9%, 60대 이상에서는 60.5%의 지지율을 기록했다.

여의도 근처에도 가보지 않은(안철수연구소가 위치한 곳이 여의도이긴 하다) '컴퓨터 의사'가 기성 정치인들을 능가하는 지지율을 기록하고 있는 것은 분명 이 사회의 어떤 징후로 읽힌다. 제3세력을 표방하며 김대중·김영삼이라는 정치거물의 양강구도를 깨뜨리기 위한 시도로 한때 기대를 모았던 박찬종도, 조순도, 문국현도 이러한 폭발적인 지지를 얻은 적은 없었다.

여기서 2,30대가 유독 안철수에게 높은 지지율을 보이는 것을 주의 깊게 볼 필요가 있다. 이들은 안철수의 청춘콘서트에 가장 뜨겁게 환호한 세대이기도 하다. MBC 〈무릎팍도사〉 출연의 변에서부터 청춘콘서트를 시작한 동기, 서울시장 불출마 선언문에 이르기까지, 안철수가 한 말을 자세히 살펴보면 젊은 층과 소통하고 그들에게 용기를 주는 메시지를 읽을 수 있다.

실제로 2000년대 들어 20대의 삶은 팍팍해졌다. 대학등록금은 천정부지로 올라 등록금 천만 원 시대가 본격화되었다. 스펙 경쟁도 속도전 양상으로 진화했다. 대학진학률이 높아지면서 학력 인플레가 심해지자, 고등교육의 수혜를 받은 인재의 변별력은 오히려 떨어졌기 때문이다. 이는 곧 고학력 청년실업을 양산하는 단초가 되었다.

1980년대 후반, 소위 '물찬제비 학점'이라는 1.0을 간신히 넘긴 학점으로도 대학을 졸업하고 나면 직장을 골라가며 취업할 수 있었다는 선배들의 회고담은 옛날이야기에나 나오는 전설이 되어버렸다. 고등학교를 졸업한 학생들이 대학에 진학하는 비율이 10명 중 3명이 채 되지 않던 시절의 이야기다.

1990년 33.2%에 불과하던 대학진학률은 10년 만에 두 배로 증가해 2000년엔 68.0%를 기록했고, 2008년에는 83.8%로 정점을 찍었다. 10명 중 8명이 대학에 들어가는 시절이 된 것이다. 대학 졸업자가 많아진 반면 일자리는 줄어들었다. 20대 고용률은 2005년 61.2%에서 지난해 58.2%로 감소했다(2011년 통계청 연령별 고용률 현황 분석). 특히 20대 남성의 고용률 하락은 심각할 정도다. 지난 15년 동안 15%가 줄었다. 20대 남성이 직장을 구하는 비율이 1995년에는 10명 중 7명이었다면 2010년에는 두 명에 한 명꼴로 감소했다.

　문제는 이러한 장기적인 하락세가 지속되고 있다는 것이다. 매년 대학 졸업자가 50만 명씩 쏟아지는 데 비해 종업원 수 300인 이상인 사업체의 신규채용자 수는 2000년대 들어 20만 명을 넘지 못하고 있다. 대기업으로 좁혀보면 연간 신규채용자 수가 5만 명을 넘지 않는데다 그나마도 인턴채용이 30%가 넘는 실정이다. ‘이십대 태반이 백수’라는 뜻의 ‘이태백’이란 단어가 전혀 낯설지 않은 풍경이다.

　취업이 어렵다 보니 경쟁은 극심해졌다. 스펙 경쟁이 심화된 것도 2000년대 들어서의 특징이다. 이제는 어딜 가나 ‘취업 5종 세트’니 ‘금융권 3종 세트’니 하는 말을 쉽게 들을 수 있다. 취업준비생들이 공무원 시험으로 쏠리는 경향도 나타났다. 행정안전부 자료에 따르면 지난 3년간 국가직 공무원 공채시험 응시자는 무려 64만 명을 넘었다. 이들이 납부한 시험 응시료만 해도 10억 원을 가뿐히 넘는 금액이다. 그러나 이들 중 1차 시험 합격자는 2만 명을 조금 넘어서는 수준이다. 공무원 시험이 ‘바늘구멍 통과하기’가 된 이유다.

　등록금의 가파른 상승과 취업난은 한데 뒤얽혀 젊은 세대의 목을 조르고 있다. 등록금을 내기 위해 받은 학자금 대출은 빚으로 쌓이고, 이를 갚자면 취업을 해야 하는데 취업은 되지 않는다. 전국적으로 학자금을 제때 상환하지 못한 대학생들은 9만 명에 달한다. 학자금 때문에 신용불량자로 등재된 대출자도 3만 명이나 된다. 이제 막 사회에 발을 내디디는 20대가 빚더미 위에서 출발하는 셈이다.

2002년 56.5%라는 기록적인 투표율로 당시 노무현 후보의 대통령 당선에 크게 일조한 20대는 그러나 2007년 대선에서는 이들 중 많은 수가 기권하는 것으로 세상에 대한 원망을 표현했다. 세대별 투표율이 승패를 가르는 선거에서, 20대 유권자의 10%가 이탈한 지난 대선의 결과는 정동영의 참패였다.

반칙이 승자를 만드는 사회

노무현 정부의 국정 지지율이 10%대로 내려앉은 상황에서 치러진 17대 대선은 무려 5백만 표 차이라는 역대 최고의 격차로 당시 이명박 후보를 대통령에 당선시키는 것으로 마무리되었다. 민주당 대선주자로 나선 정동영 후보에 대해서는 '질 수밖에 없는 후보'라는 것이 대체적인 관측이었지만, 그래도 압도적인 참패를 눈으로 확인한 민주당의 충격은 컸다.

선거기간 막판에 터진 악재들, BBK 주가조작 사건이나 큰형과 조카가 대주주로 있는 다스의 실소유주가 누구인가 하는 문제, 95

년 도곡동 땅 매각에 직접 개입했는지 등 굵직굵직한 의혹들에도 불구하고 이명박의 지지세는 조금도 꺾이지 않았다. 그만큼 이명박의 '경제 살리는 대통령'이라는 프레임은 강력했다.

IMF 구제금융 이후 우리나라의 자영업자 비율은 빠르게 증가했다. 구조조정으로 직장을 잃은 직장인들은 너나 할 것 없이 자영업으로 눈길을 돌렸다. 우리나라에서 자영업은 직장에서 밀려난 중년들의 마지막 선택이라는 성격을 지닌다. 평생 저축한 돈과 퇴직금으로 받은 목돈을 올인하는 마지막 승부처라는 얘기다. 2010년 통계에서 자영업자는 559만 명으로, 이는 경제활동인구의 23.5%에 해당하는 높은 수치다. OECD 회원국 중에서 우리나라는 자영업자의 비율이 가장 높은 나라이기도 하다. 다른 나라 평균에 비해 2.5배가 많다.

김대중 정부 들어 수출 대기업 중심으로 한국 경제는 회복세를 보였지만, 이것이 서민경제로 이어지지는 않았다. 아니, 2000년대는 부익부 빈익빈이 심화되며 양극화가 사회구조화되는 시기였다. 2003년 카드대란으로 내수가 급락하기 시작하면서, 가장 고통을 받은 층은 자영업자들이었다.

반(反)노무현으로 돌아선 이들은 '경제 살리기'를 슬로건으로 내건 이명박에게 환호했다. 17대 대선 당시 이명박을 찍었다고 답한 수도권 자영업자는 58.2%에 달한다. 특히 50대에서는 61.6%라는 높은 투표율을 기록했다. 참고로 민주당 후보였던 정동영이 얻은 득표율은 15.2%에 불과했다.

아이러니한 것은 이명박 정부 들어 가장 고통받은 층 역시 자영업자들이라는 점이다. 2011년 8월 서강대 현대정치연구소가 한국리서치와 함께 수도권 자영업자들을 대상으로 조사한 바에 따르면 지난 대선에서 이명박을 찍었다고 응답한 사람 중에서 67.9%가 내년 대선에서는 한나라당 후보를 찍지 않겠다고 답한 것으로 나타났다.

이명박이 내세운 '경제 살리기'는 일차적으로 대기업과 부유층에게 부를 집적시켜야 그 부가 중소기업과 자영업자, 서민과 빈곤층에까지 골고루 돌아간다는 이른바 '낙수효과론Trickle-down Effect'에 바탕을 두고 있다. 이명박은 수출대기업 위주로 성장정책을 펼쳤고, 대한민국 수출은 2009년 1분기에 최저점을 찍은 후 빠르게 회복되기 시작해 곧 2008년 위기 이전의 고점을 넘어섰다. 2009년 1분기 744억 달러였던 수출액은 2년 뒤인 2011년 2분기가 되자 1,427억 달러를 기록하며 두 배 가까운 증가세를 보였다.

특히 IT산업과 자동차, 석유화학, 정유가 크게 약진했는데, 상장사들의 2010년 영업이익은 사상 최대의 실적을 기록했다. 한국거

래소와 한국상장사협의회가 1,393개 12월 결산 법인의 2010 사업 연도 실적을 집계한 결과 영업이익이 95조 원에 육박했다. 시가총 액 1위 삼성전자의 순이익은 유가증권시장 상장사 전체 순이익의 20%에 달했다.

하지만 문제는 막대한 순이익을 올린 대기업과 달리 코스닥 상 장 중소·벤처기업의 실적은 별로 개선되지 않았다는 점이다. 한 국 경제를 떠받치는 수출 대기업의 호조로 거시경제지표는 양호하 게 나타났지만, 불행하게도 그 지표는 서민이 체감하는 경제와는 동떨어져 있었다. 수출이 회복세로 나타난 것은 중국 고성장의 영 향으로 대중국 수출액이 증가한 '중국 효과'도 있었지만, 그보다는 고환율을 유지한 정부의 정책 영향이 컸다.

환율은 두 가지 얼굴을 지닌다. 환율이 올라가 원화가치가 떨어 지면 수출 대기업은 반색을 한다. 무역수지에 유리하기 때문이다. 무역수지는 우리나라 경상수지의 대부분을 차지하기 때문에, 무역 수지가 흑자를 기록하는 것은 정부로서도 반기는 일이다. 실제로 2010년 상장사들이 '사상 최대의 실적'이라는 돈벼락에 가까운 환 율 이익을 얻을 수 있었던 것은 정부의 고환율 정책 덕분이었다. 이 미 2009년 강만수 당시 국가경쟁력강화위원장은 전경련 초청강연 에서 "삼성전자와 현대차가 3분기 사상 최대의 이익을 냈다고 하지만 환율 효과와 재정지출 효과를 빼면 사상 최대의 적자가 되었을 것이다"라고 말하기도 했다.

하지만 환율 상승에는 자연히 물가 상승이 동반된다. 특히 수입 원자재 가격의 상승과 고유가 현상을 불러온다. 물가가 당연히 오를 수밖에 없다. 정부 발표에 따르면 환율이 10% 상승하면 소비자 물가는 연간 0.8%포인트 상승한다. 대기업이 '사상 최대의 실적'을 올리며 환호성을 지르는 동안, 서민들은 물가 상승으로 고통을 겪어야 했다.

대형마트와 SSM_{Super Supermarket; 대기업에서 운영하는 기업형 슈퍼마켓}이 골목 상권을 잠식하면서 동네의 작은 슈퍼나 빵집, 정육점과 야채가게 등 영세 자영업체의 씨가 마르기 시작했다. 재래시장 손님도 3분의 1로 줄었다. 무서운 일은 또 있다. 유통 대기업들이 골목의 몫 좋은 자리를 차지하면서 임대료가 뛰기 시작했다. 월 150~200만 원 선이던 슈퍼 임대료가 500~600만 원으로 오르는 일이 부지기수였다. 슈퍼만 아니라 미용실, 분식집 등 동네 가게의 임대료도 덩달아 뛰었다.

이명박은 "대형마트와 SSM 때문에 다 죽게 생겼다"는 상인들의 하소연에 "(대형마트와 SSM의 골목 진출을) 정부가 규제하는 것은 위헌이다"라고 대답해 정부가 그들을 위해 해줄 수 있는 것이 사실상 아무것도 없다는 것을 시인하는 발언으로 타는 가슴에 기름을 부었다.

이명박 정부 들어 서민경제는 악화 일로를 걸었지만 그중에서도 자영업자들의 몰락은 거의 재앙 수준이었다. 매년 80만 명이 자영업에 뛰어들지만 또 매년 72만 명이 폐업신고를 할 정도로 상황은 암담하다. 중소기업중앙회가 발표한 자료에 따르면 영세 자영업자 중 67.2%가 적자를 보고 있다고 한다. '경제를 말아먹었다'는 평가를 받은 노무현 정부와 비교해 이명박 정부의 자영업자 몰락 속도는 거의 세 배 이상 빨라졌다. (노무현 정부 5년 동안 자영업자는 14만 2천 명이 줄었는데, 이명박 정부가 출범하고 나서는 3년 동안 45만 7천 명이 줄었다.) 이명박이 내걸었던 장밋빛 미래, 정부 경제철학의 근간을 이루는 '낙수효과' 이론이 전혀 들어맞지 않았음을 증명하는 결과이기도 하다.

지금은 소득 양극화 시대

'747공약'으로 대표되는 이명박의 경제 슬로건은 규제 완화와 시장 중시 정책을 통해 연 7%의 경제성장과 1인당 국민소득 4만 불, 세계 7대 강국을 달성하는 것이었다. 하지만 취임하자마자 세계

경제위기의 여파로 주가지수는 1000선이 붕괴되고 경제성장률은 2008년엔 2.3%, 2009년엔 0.2%로 곤두박질쳤다. 국가 채무도 정부 출범 3년 만에 100조 원이 늘었다.

정부는 경상수지 흑자를 유지하기 위해 인위적인 고환율 정책을 유지했지만, 그 결과로 나타난 것은 가계와 기업 간 소득 불균형이었다. 한국은행이 발표한 국민처분가능소득National Disposable Income; NDI을 보면, 외환위기 전 NDI 중 법인 몫이 3.4%에 지나지 않던 것이 2010년에는 13.8%로 확대됐다. 반면 개인 몫은 같은 기간 73.6%에서 63.2%로 떨어졌다.

외환위기와 2008년 금융위기를 겪으면서 기업들은 몸집을 키운 반면 임금 삭감과 구조조정을 통해 비용을 절감했다. 아이러니하게도 기업이 돈을 버는 동안 종업원들은 오히려 가난해졌다. 대기업이 '사상 초유의' 흑자 행진을 기록하는 것과 별개로, 개인의 삶은 점점 쪼그라들고 있는 것이다.

문제는 기업의 이윤이 임금으로 이어지지 않다 보니 열심히 일해도 가난에서 벗어나지 못하는 워킹푸어Working Poor, 즉 근로빈곤층이 늘고 있다는 점이다. 한국노동연구원에 따르면 지난해 우리나라 근로빈곤층 가구의 비율은 전체 근로가구의 70%가 넘는 것으로 조사됐다. 이는 가족 중에서 일하고 있는 사람이 있음에도 상대빈곤층(중위소득 50% 이하)에서 벗어나지 못한 가구의 비율이다. 일을 해도 가난에서 벗어날 수 없고, 직장을 잃게 되면 바로 빈곤층으로 전락할 가능성이 높다.

상대빈곤율도 10년 동안 계속 상승곡선을 그려 2001년 5.3%에서 2010년 14.9%까지 높아졌다. 상대빈곤율이란 전체 가구를 소득수준별로 나란히 세웠을 때 한가운데 위치한 가구가 벌어들인 소득(중위소득)의 50%를 밑도는 가구의 비율을 뜻한다.

소득계층 간 양극화는 더욱 심각한 수준이다. 올해 1분기 상위 10% 가구의 소득을 하위 10% 소득으로 나눈 소득 10분위 배율은 14.17배로 나타났는데, 이는 상위 10%인 가구 소득이 하위 10%보다 14배 많다는 뜻이다. 2003년 통계청이 조사대상을 전국 가구로 확대한 뒤로 가장 높은 수치다. 연봉이 1억 원이 넘는 고소득 직장인의 수는 2005년 8만 3,800명이던 것이 2010년에는 27만 9,500명으로 5년 만에 세 배로 늘어났다. 최저 임금을 받는 노동자와 대기업 사내임원의 평균 임금 격차는 무려 87배에 달한다.

기획재정부는 국정감사에 대한 답변자료에서 2010년 우리나라 직장인의 월 평균 임금이 202만 3,000원이라는 통계를 내놓았다. 이는 전년보다 3.2% 증가한 수치다. 하지만 물가 상승을 감안한 실질임금 상승폭은 0.3%에 지나지 않는다. 2008년 4.7%까지 치솟았던 물가는 올해 들어 다시 4%대 상승률을 보이고 있다.

국토해양부가 매년 국토연구원에 위탁해 국민의 주거생활 현황을 조사하는 〈주거실태 조사보고서〉에 따르면 주거 양극화도 심각한 수준이다. 저소득층 가구를 살펴보면 자가 주택을 보유한 비중은 줄고 월세 비중이 크게 늘어났다. 최근 3년간의 흐름을 보면 저소득층과 중소득층에서 자가에서 전세로, 전세에서 다시 월세로 밀려나는 현상이 뚜렷하다.

통계청 조사에서 계층 간 소득 분포의 불균형 정도를 나타내는 지니계수가 지난해에는 0.315로 나타났다. 지니계수는 값이 1에 가까울수록 계층 간 소득 분포의 불균형이 크다는 것을 뜻하는데, 이 수치는 통계를 내기 시작한 1990년 이후 최고치를 기록한 것으로, '심각한 불평등 수준'임을 의미한다.

이같은 분위기를 의식해서인지, 이명박 정부는 2009년부터 친서민, 공정사회, 동반성장, 새로운 시장경제와 공생발전이란 새로운 슬로건을 제시하고 있다. 하지만 유종일 한국개발연구원KDI 국제정책대학원 교수는 이러한 비전이 정권 초기부터 강력하게 추진한 친재벌 정책이 실패했음을 시인하는 것이라고 따갑게 지적한다.

투사가 사라진 시대의 멘토

김동춘 성공회대 교수는 오늘날의 우리 사회를 '기업사회'라고 정의했다. 기업이 단순히 사회의 일부로 존재하는 것이 아니라 외환위기를 경험하면서 사회의 체질이 "기업의 모델과 논리에 따라 재조직"되는 쪽으로 바뀌었다는 것이다. 그는 〈창비주간논평〉에서 "기업사회, 소비사회, 스펙문화, 영상미디어에 익숙해진 젊은 층"이 이명박식 토건주의 기업가에게 실망하고 나서 기업경영으로 사회에 공헌한 안철수에게 그 기대를 옮김으로써 대안에 대한 열망을 투영하고 있다고 진단했다.

문화평론가 문강형준은 계간지 〈문화과학〉에서, 안철수를 '투사'가 사라진 시대에 우뚝 선 '멘토'로 표현했다. 386세대 정치인의 많은 수는 민주화 투쟁을 위해 청춘을 거리에서 보내고 이 경력을 유권자들에게 인정받아 정치에 입문해 지도자로 성장했다. 이들은 자신을 국회로 들여보낸 유권자들로부터 대신 싸워달라고 주문받은 '투사'들이었다. 하지만 지금 대권주자로까지 분류되는 안철수는 그러한 운동권 경험 없이 청춘을 의대 연구실과 벤처기업의 사무실에서 보낸 사람이다. 그의 청춘을 지배한 것은 대의를 위한 '투쟁'이 아니라 자기 안에 침잠해 성장과 발전을 도모하는 '자기계발'이었다. '신자유주의'라는 정글 안에서 모두가 경쟁자이니 홀로 살 길을 모색해야 한다는 신념을 주입받고 자란 현재의 젊은 세대에게, 안철수가 '멘토'가 된 것은 어쩌면 당연한 일이다.

문강형준은 "안철수와 이명박의 이미지는 상반되지만 인민이 자신의 몫을 주장하는 투쟁으로서의 정치가 사라지고 그 자리에 행정, 관리, 거버넌스governance가 들어서는 '탈정치 시대의 정치' 아이콘이라는 점에서 같다"고 말하며 안철수를 '착한 이명박'으로 호명한다. "'생존'이 유일한 법칙이 된 신자유주의 시대에서는 이명박을 통해 좌절한다고 해서 다시 정치로 돌아가는 것이 아니라 '안철수'라는 좀 더 착한 이명박을 갈구"하게 되었다는 것이다.

안철수는 자유경쟁을 지지하는 시장주의자이지만, 공정한 경쟁을 요구하는 원칙주의자이기도 하다. 이는 당연한 것이면서도 우리에겐 한번도 당연해본 적이 없는 가치였다. 그리고 안철수는 바로 그 자신이 '반칙하지 않고' '치열하게 경쟁해' 드물게 성공한 표본이다. 문강형준은 안철수에 대한 대중의 열망이 어떻게든 살아남아야 하는 이 탈정치적인 신자유주의 사회에서, 멋지게 성공해서 존중받으며 살고 싶은 스스로의 욕망에서 나온 것으로 보았다. 즉, 안철수라는 모델은 신자유주의라는 체제에 적응을 마친 대중이 정치에 대해 염원하는 최종적인 상이라 할 수 있다.

이명박은 '성공한 CEO' 이미지를 내세워 대통령에 당선되었다. 국회의원으로 활동한 경력이 짧아(15대 총선에서 비용을 축소·누락 신고해 공직선거 및 부정선거방지법 위반죄로 징역 2년에 벌금 700만 원의 구형을 받고 의원직을 상실했다) 젊은 층에서는 그가 의원이었던 사실을 모르는 사람도 있을 정도다. 그는 말단사원으로 시작해 현대건설 사장까지 승진한 '샐러리맨의 신화'와 서울시장을 하며 부각시킨 유능한 행정가 이미지로 자신을 포지셔닝했다. 이후에도 "나는 정치인 출신이 아니다"라고 수시로 말하며 여의도 정치와는 거리를 두었다.

안철수의 현직은 교수지만 대중은 그를 '서울대 교수'가 아닌 '성공한 안철수연구소의 CEO'로 기억한다. 서울시장을 '정치인'이 아닌 '행정가'라고 정의하며 정치와 거리를 둔 점도 이명박과 비슷하다. 게다가 안철수에게는 서울대 의대를 나온 의사 출신으로 벤처기업 불모지에서 기업을 성공시킨 '엄친아의 성공 판타지'까지 따라붙는다.

스펙으로 경쟁하는 신자유주의 정글에서, 안철수는 그가 가진 스펙과 성공만으로도 존경을 받고도 남음이 있지만, 컴퓨터 바이러스 백신을 개발해 무료로 보급한 헌신적인 활동으로 사회공헌 이미지까지 획득하고 있다. 최근 그가 보유주식의 절반을 사회에 기부하겠다는 뜻을 밝힌 뒤 안철수연구소에서는 이에 발맞추어 사회 공헌팀이라는 별도의 부서를 신설해 사회공헌 프로그램을 진행할 계획을 발표했다.

그의 서울대 학력과 안철수연구소의 성공, 백신 무료 보급과 주식 기부 등의 사회공헌 활동 모두를 거칠게 아울러 정치인의 자질로 내세울 수 있을 만한 '스펙'이라 통칭한다면, 아마 대한민국에서 스펙으로 그를 이길 수 있는 사람은 없을 것이다. 이미 '탈정치의 정치'를 하고 있는 그를 정치권에서 두려워하는 이유다.

이명박이 재벌과 토건기업을 중심으로 한 구시대식 성장 일변도의 패러다임을 대표한다면 안철수는 정확하게 그 반대편에 위치해 있다. 안철수는 벤처와 중소기업 중심, 창의성 강조, 동반자적 관계, 공정한 경쟁과 나눔을 역설한다. 그가 앞서 출간한 저서들에도 경영자와 종업원을 수직적인 관계가 아니라 동반자로 바라보는 철학이 잘 드러나 있다. 안철수가 직원들에게 주식을 무상으로 제공한 것 역시 그가 지닌 나눔의 철학을 보여주는 좋은 사례다. 그러나 두 사람에 대한 지지에 '경제적인 성공'에 대한 열망이 깔려 있다는 점에서 본다면 안철수와 이명박은 동전의 양면과도 같은 존재다.

선택이 아닌 필수, 수평적 네트워크

안철수가 "우리 모두가 함께 살아가야 할 세상에서 누군가가 1만 명의 삶을 책임지면서 나머지로부터 더 많은 것을 빼앗아간다면 그건 사회에 도움이 된다고 말할 수 없다"라고 말한 것은 "재능 있는 1명이 1만 명을 먹여살린다"고 말한 이건희 삼성 회장에 대한 반박으로 이해된다.

그는 삼성, 엘지 등 대기업들이 "동물원"과 "약육강식 및 불법의 영역"을 만들고 있다며 "빌 게이츠Bill Gates가 한국에서 태어났다면 현재의 빌 게이츠가 되지 못했을 것"이라는 뼈 있는 말을 남기기도 했다. 안철수의 인터뷰를 살펴보면 대기업의 횡포를 비판하고 중소기업과 벤처의 활성화, 청년 창업에 대한 기회 부여 등을 일관되게 주장해왔음을 알 수 있다.

"젊은 사람들의 도전정신은 옛날 못지않지만 더 큰 구조적 모순 때문에 숨통이 막혀 새로운 도전을 하지 않는다. 한번 도전해 실패했을 때 새로운 도전 기회가 주어지지 않기 때문이다. 문제는 도전정신 강한 학생들을 안전 지향적인 선택을 할 수밖에 없도록 사회가 몰아붙이고 있다는 점이다."

"한국 대기업은 말로는 창의성 있는 인재를 찾는다고 하지만 실제로는 아닌 것 같다. 기업에서 말로 주장하는 것과 실제로 뽑는 것이 다르다 보니 창의적인 인재보다는 스펙으로 가려내게 되고 그 점이 모든 불행의 시작이다."

"규제만 철폐하고 감시 기능을 강화하지 않으면 불법적인 약탈 행위를 방조하는 결과가 나온다. 룰은 단순화하되 심판의 감시 기능을 강화해야 한다. 심판을 다 없애버리면 반칙 일어나는 무법천지가 되고 만다. 결국 대기업에 특혜만 주고 그냥 놔두다 보니까 중소기업은 불공정 거래 관행에 빠져서 양극화가 더 심해진 결과가 나타났다."

"중소기업들은 대기업들이 불공정거래 관행으로 이익을 못 내게 하니까 고용을 더 확대할 여력이 없다. 마지막 남은 탈출구가 창업인데, 새싹들을 짓밟는 우리나라 대기업 때문에 이것도 안 된다."

한순간 휴대전화 시장의 판도를 바꿔놓은 아이폰이란 괴물의 등장에 국내 IT 대기업이 당황해 혼비백산하는 사이, 안철수는 이를 삼성의 수직적 효율화 모델과 애플의 수평적 네트워크 모델 사이의 전선이라고 정리했다.

2000년대, 휴대전화 시장에서 삼성은 승승장구했다. '애니콜 신화'를 쓴 정보통신 부문 매출은 2000년 7조 6천억 원에서 2004년에는 18조 9400억 원, 2010년 41조 2천억 원으로 줄곧 상승곡선을 그렸다. 유럽에서는 '휴대전화의 벤츠'라고 불릴 정도로, '애니콜'은 그 자체로 명품 브랜드가 됐다.

1988년 처음으로 휴대전화 생산에 나서 94년 애니콜을 론칭한 뒤 불과 1년 만에 모토로라를 따라잡은 90년대 후반은 앞으로 삼성이 쓸 신화의 워밍업을 하는 단계였다. 2000년 최초로 CDMA TV 폰을 출시해 기네스북에 등재되었고, 2002년에는 전 세계에서 단일 기종으로는 천만 대 이상 팔린 일명 '이건희폰'으로 돌풍을 일으켰다. 2003년에는 글로벌 매출액 기준 2위를 달성하더니 2005년 휴대전화 연간 출하량 1억 대를 넘어섰다. 그야말로 거칠 것 없는 순항이었다.

아이폰을 앞세운 애플의 매서운 공격에도 삼성의 저력은 과연 막강했다. 아이폰에는 갤럭시폰으로, 아이패드에는 갤럭시탭을 내세우며 애플의 공세에 대응했다. 2010년 삼성은 갤럭시탭과 갤럭시 S2를 포함해 휴대전화 누계생산 15억 대를 돌파했다. 삼성전자 구미공장을 '스마트시티'라고 바꿔 부를 정도로 스마트폰에 대한 의지 역시 굳건하다.

개리 해멀Gary Hamel 런던 비즈니스 스쿨 교수와 C. K. 프라할라드Prahalad 미시건대 로스 경영대학원 교수는 1989년 〈하버드 비즈니스 리뷰Harvard Business Review〉에 '전략적 의도Strategic Intent'라는 제목의 논문을 실었다. 이 논문은 동아시아 기업들이 어떻게 세계적인 기업으로 성장했는지 그 동인을 '전략적 의도'로 설명해 관심을 모았다. 전략적 의도란 임직원의 생각을 위대한 목표에 고정해 일상의 모든 의사결정과 에너지를 온전히 목표달성을 위해 쏟아붓는 태도를 의미한다.

90년대 전 세계에서 1등 지위를 누리고 있던 일본의 전자기업들을 무너뜨린 삼성의 힘 역시 전략적 의도에서 나온 것이었다. 이건희는 1993년 "마누라와 자식 빼고는 다 바꾸라"는 그 유명한 '프랑크푸르트 선언'으로 삼성에 '품질경영'이라는 화두를 던졌다. 애니콜의 성공신화는 이건희의 강력한 리더십 아래 '관리의 삼성'이라 불릴 정도로 상명하복의 톱다운Top-down 방식을 따르는 의사결정구조, 무노조경영으로 일사불란하게 움직이는 조직력, 한 가지 목표에 비용과 인력을 집중할 수 있는 재벌 대기업의 장점 등이 결합된 것이다. 이는 소수의 엘리트 관료들의 주도로 고도의 경제성장을 이룩한 7,80년대 대한민국의 모습과도 몹시 닮아 있다.

이건희가 프랑크푸르트에서 "지금까지는 양을 추구했는데, 이제는 질을 추구해야 한다. 양 100%를 벗어나 질 100%로 가자"라며 품질경영을 선언한 뒤로 앞선 품질의 제품을 내놓는 경쟁에 모든 제조 대기업이 뛰어들었다. 좋은 제품을 빨리 만들어 싸게 내놓기 위해서는 효율은 높이고 비용은 줄일 필요가 있었다. 그러다 보니 지금과 같은 대기업과 중소기업 간의 수직적 하청구조도 고착화되었다.

안철수는 2010년 〈조선일보〉와의 신년 인터뷰에서 "대기업과 중소기업 간의 수직적 하청구조를 바꾸지 않으면 머지않아 위기가 올 수 있다"고 경고했다. 지금까지는 삼성 등 대기업이 확립한 수직적 효율화 모델에 따라 하청업체에 최단 시간 최고의 제품을 요구하면서 세계무대로 나아갈 수 있었지만 비즈니스의 패러다임이 바뀌고 있는 앞으로는 맞지 않는 모델이라는 것이다.

그는 아이폰이 "하드웨어, 소프트웨어, 콘텐츠, 비즈니스 모델의 융합체"라고 강조하면서 "우리나라 기업은 혼자만 나오고 외국 기업은 여러 네트워크를 가지고 연합군으로 시장에 나오기 때문에 힘이 딸린다. 이제는 네트워크, 즉 융합적인 모델에 대한 개념 없이 기술로만 이길 수 있는 시대는 지났다"고 설파했다.

안철수가 수평적 네트워크 모델이라고 정의한 아이폰을 만든 애플의 전략은 우리나라식 일방적인 하청과 납품 관계에서 비껴나 있다. 아이폰은 기존의 휴대전화가 가진 패러다임을 일시에 변화시키는 혁명을 가져왔다. 소비자들은 아이폰의 성능이 얼마나 뛰어난가를 가지고 구매를 결정하지 않는다. 그보다는 아이폰 안에 담긴 신세계, 즉 아이폰으로 무엇을 할 것인가에 주목한다.

아이폰의 앱스토어나 아이튠즈 같은 서비스는 휴대전화가 담을 수 있는 콘텐츠를 무한대로 확장시켰다. 안철수의 말처럼, "지식과 이익을 공평하게 분배하는 수평적 관계로 외부 협력업체의 두뇌를 자기 편으로 끌어들여 성공을 거둔" 사례다. 앱스토어에는 어플리케이션 개발자가 자유롭게 자신이 개발한 어플을 등록하여 이를 통해 수익 추구를 할 수 있고, 아이튠즈에도 콘텐츠 생산자가 자신이 가진 지식과 정보를 제공해 다른 사람들과 나눌 수 있다.

애플은 2011년 11월 클라우드를 기반으로 한 음악 동기화 서비스인 '아이튠즈 매치'를 선보였는데, 연간 24.99달러를 지불하면 자신이 보유하고 있는 음악을 아이클라우드에서 언제 어디서든 내려받거나 스트리밍으로 들을 수 있도록 제공하는 서비스다. 안철수가 말한 수많은 두뇌를 합친 '연합군'의 등장은 2000년대 대기업의 덩치를 키운 수직적 효율화 모델에 균열을 내는 중이다.

한국형 마크 주커버그를 위하여

페이스북의 창업주이자 최고경영자인 마크 주커버그_{Mark Zuckerberg}는 현재 전 세계에서 가장 젊은 억만장자다. IT분야에서는 빌 게이츠, 래리 엘리슨_{Larry Ellison}에 이어 세계 3위의 부자로 등극했다. 구글 신화를 창조한 래리 페이지_{Larry Page}와 세르게이 브린_{Sergey Brin}을 앞선 것이다.

페이스북의 가입자는 2011년 9월 8억 명을 돌파했는데, 세계 인구가 70억 명이 조금 안 되는 것을 생각하면 전 세계에서 9명에 1명 이상 꼴로 페이스북을 이용하고 있는 셈이다. 1984년생인 마크 주커버그가 페이스북을 창립한 것이 2004년임을 생각한다면 무섭도록 빠른 성장세다. 마크 주커버그의 페이스북 창립 비화는 지난해 〈소셜 네트워크_{The Social Network}〉라는 영화로 만들어져 아카데미 시상식에서 각색상을 수상하기도 했다.

2006년에 서비스를 시작한 젊은 회사인 트위터 역시 1초당 3.5명꼴로 가입자가 늘어나며 영향력을 확대해가고 있다. 위치추적 서비스를 제공하는 포스퀘어, 소셜 게임업체 징가, 사진 공유 앱 인스타그램, 제2의 트위터라 불리는 쿼라 등도 생긴 지 얼마 되지 않는 신생회사들이다. 이렇듯 IT분야에서 빠른 성장을 보이고 있는 회사들을 두고 제2의 벤처 붐이라는 평가도 나오고 있다.

하지만 이러한 흐름에서 우리는 멀찌감치 비껴나 있다. 대기업이 '고용 없는 성장'을 굳혀가고 있는 동안, 중소기업은 대기업의 하청업체로 전락했고, 벤처는 씨가 말랐으며, 자영업자는 골목 상권을 잠식당하며 죽어가고 있다. 20대 초반에 사업을 시작한 스티브 잡스나 마크 주커버그의 성공담은 글자 그대로 '멀고 먼 남의 나라 이야기'다.

안철수는 한국에서 중소기업과 벤처기업이 중요한 이유로 세 가지 이유를 들었다. 첫 번째로는 국가경제 차원에서 경제의 포트폴리오라는 의미가 있다는 것이다. 주식 격언으로 "계란을 한 바구니에 담지 말라"는 말이 있는 것처럼, 국가경제도 주식과 마찬가지로 분산시켜서 발전할 필요가 있는데 지금의 우리 경제는 대기업 경제만 단단한 것이 문제라고 지적한다. 이렇게 한 가지 성격의 기업에만 치중해 발전을 꾀하는 경제구조는 특정한 위험에는 취약할 수 있기 때문이다. 안철수는 탄탄한 중소기업이나 벤처기업들이 육성되어 있다면 혹시라도 대기업이 위기에 처했을 때 국가경제를 지탱할 수 있는 기반이 될 것이라 말한다.

두 번째로는 한계에 이른 대기업의 고용 창출 문제를 해결할 대안으로서다. 외환위기 이후 대기업은 글로벌기업으로 도약하면서 아울러 글로벌 경쟁력이라는 새로운 요구에 직면하게 되었다. 비용을 줄이기 위해 외국으로 공장 이전을 하는 등 고용 효율을 추구하면서 대기업의 일자리 창출력은 나날이 감소하고 있다. 그러나 중소기업이나 벤처기업의 안정성이 떨어지다 보니 취업준비생들은 바늘구멍을 통과하는 심정으로 대기업에 들어가기 위해 스펙을 강화하거나 공무원 시험에 목을 매는 실정이다. 안철수는 새로운 일자리 창출을 위해서라도 중소기업이나 벤처기업을 육성하는 정책이 제시되어야 한다고 말한다.

세 번째로는 혁신의 가능성이다. 이미 덩치가 커진 대기업에서 혁신의 아이디어가 나오기는 어렵다. 경영학자들 역시 혁신의 90% 이상은 중소기업이나 벤처기업에서 나온다고 입을 모아 말하고 있다. 실리콘밸리의 예를 보더라도 경쟁력 있는 중소기업이나 벤처기업들이 대기업에 지속적으로 새로운 아이디어를 제공하면서 대기업의 경쟁력을 끌어올리는 데 큰 역할을 하고 있다. 안철수는 지금처럼 실패가 용납되지 않는 문화에서는 새로운 아이디어가 나올 수도 없고 따라서 혁신도 가능하지 않음을 지적한다. 대기업에 혁신적인 아이디어를 공급해서 대기업의 경쟁력 제고에도 도움을 주는 동반자로서의 역할이 중소기업과 벤처기업에 주어지지 않는 한 대기업에만 의존해 있는 우리나라 경제는 퇴보를 면치 못하리라는 무서운 경고다.

안타깝게도 지금 우리 사회는 안철수가 제기하는 문제를 해결하는 것이 아닌 강화하는 방식으로 굴러가고 있다. 승자가 모든 것을 독식하고 패자에게 재기의 기회가 주어지지 않는 사회는 자연 활력을 잃을 수밖에 없다. 안철수는 이러한 현실이 '대기업이 발전해야 나라가 산다'는 구시대적 구호 아래 대기업의 중소기업 약탈행위를 눈감아주는 것으로 악순환을 거듭하고 있다고 꼬집는다. IT창업 열풍과 벤처붐이 다시 불고 있는 거대한 세계의 흐름에서 안철수만이 우리나라가 이번에 기회를 못 가지고 영영 뒤처지게 되지는 않을까 우려하고 있는 모양새다.

공감대를 위한 한 걸음

안철수가 말하는 대기업과 중소·벤처기업이 공생하는 생태계는 그 자체로 답이 아니다. 우리가 알고 싶은 것은 7,80년대식 고속성장 시대가 끝난 오늘날에도 우리 사회의 성장판은 아직 닫히지 않았는지, 그리고 우리 사회가 지금의 저성장 시대에서 벗어나 일류 선진국과 어깨를 나란히 하는 도약을 이룰 수 있는지의 문제다. 과연 안철수가 말하는 수평적 네트워크 모델이 지배하는 세상은 이러한 의문에 답을 줄 수 있는가?

안철수는 우리 사회의 가장 큰 문제를 가치관의 혼돈에서 찾는다. 우리의 의식과 사고를 지배하는 유교문화의 뿌리는 아직 굳건하지만 서구의 자본주의가 유입되면서 이식된 물질 문명은 기성의 가치관에 큰 균열을 내고 말았다. 그 결과로 돈의 가치에 대해 입 밖으로 소리 내어 말하지도 못하면서 서구보다 더 심각한 물질 만능주의에 경도되고 있다. 겉으로는 돈에 연연하지 않는 태도를 보이면서도 속으로는 다른 모든 것보다 돈을 우위에 두는 이러한 위선적인 태도는 사회 전반의 많은 문제에 이중잣대를 적용하는 부작용을 낳고 있다.

거기다 OECD 국가 중에서 가장 높은 자살률, '예수천국 불신지옥'이라는 구호가 단적으로 보여주는 종교의 배타성과 현실 도피, 명품에 열광하는 심리 뒤에 숨어 있는 낮은 자존감과 자기 혐오, 성에 대해 보수적인 태도를 견지하면서도 돈을 주고 성을 사는 행위에 대해 불감증에 가까울 정도로 무감각한 이중성 등의 모습은 우리 사회가 나아가고 있는 방향에 대해 혼란과 불안감을 느끼게 한다.

공동의 가치관과 같은 기본적인 것에 대한 사회적 합의가 없으니 자연히 사회를 구성하는 다양한 집단들이 자신들의 이해와 이익에 따라 행동하고, 그에 따른 집단 이기주의가 팽배하게 된다. 이견이 발생했을 때 서로 간의 대화나 제3자의 조정에 의해 합의를 이끌어 내기보다는 서로 한 발짝도 물러서지 않고 팽팽하게 대립하며 목소리를 높이는 모습이 반복되고 있는 것이다.

안철수는 지금이 혼란 상태에 빠져 있는 사회적인 가치관을 바로 세우는 문제에 대해 공론화할 시점이라고 말한다. 우리 사회에서 사회적인 합의가 잘 이루어지지 않는 것은 사회를 구성하는 주체들 간의 신뢰가 부족하기 때문이며, 이를 해결하기 위한 믿을 수 있는 중재자의 역할이 규정되어 있거나 투명성이 보장되는 시스템이 갖춰져 있지 않다는 것이다.

게다가 교육이 사회구성원으로서의 소양을 길러주는 데 목적을 두고 있는 것이 아니라 개인의 경쟁력 강화에 초점을 맞추다 보니 상대방에 대한 존중이나 배려는 점점 찾기 힘들게 되어가고 있다. 나만 옳다고 생각하고 나만의 시각이나 판단에 따라 일을 처리하니 커뮤니케이션 능력 또한 부족하다. 이런 사람들이 모여 대화를 하면 할수록 오해가 커지고 불신이 깊어지는 것은 어찌 보면 당연한 일이다.

안철수는 빠르게 디지털화되고 있는 세상에서 디지털 환경이 그

강점을 제대로 발휘하기 위해서라도 서로에 대한 존중이 핵심으로 자리 잡는 문화가 선행되어야 한다고 강조한다. 디지털 환경이란 자료들의 디지털화나 자료 전송의 용이성, 시간과 공간의 제약을 받지 않고 인터넷에 접속할 수 있는 환경을 말하는 것이 아니다. 이러한 기술의 발전을 바탕으로 정보에 대한 권력이 특정한 집단이 아닌 불특정다수의 개인들에게로 넘어가면서 분권화와 개인화가 이루어질 수밖에 없는데, 타인을 존중하지 않는 개인, 내가 틀릴 수도 있다는 것을 인정하지 않는 닫힌 마음으로는 대립을 해소할 길이 요원하기 때문이다.

지금 우리가 바라는 것은 구직난 속에서 스펙 경쟁을 강화하는 방향으로 달려가고 있는 청년들이 일자리를 갖게 되고 자영업자나 중소·벤처기업이 대기업에 목을 졸리지 않고도 살 수 있는 세상을 만드는 것이지만, 안철수는 그러기 위해서는 공동의 가치관을 정립하고 신뢰를 바탕으로 갈등을 중재할 수 있는 사회지도자가 필요하다고 역설한다.

노무현 정부의 무능에 실망한 대중은 전과 14범이라는 이명박의 흠결에도 눈을 질끈 감고 그를 대통령으로 당선시켰다. 하지만 대통령이 된 이명박은 특권층을 과보호하는 것으로 자신에게 표를 던진 유권자의 기대에 화답했다. 그에게 표를 던진 유권자들은 이명박이 약속한 '경제 살리기'가 '자신들의 경제'가 아닌 '특권층의 경제'임을 임기 내내 뼈저리게 곱씹어야 했다.

그렇다고 이명박 정부를 경험한 대중이 사회적인 성공에 대한 기대마저 접은 것은 아니다. 대중의 기대는 개인의 성실한 노력으로 성공의 열매를 거둘 수 있다는 믿음, 아니 그런 사회가 올바른 사회라는 믿음 속에서 여전히 유효하다.

다른 사람도 아닌 '안철수'가 열광의 대상이 되는 것은 그가 자신의 삶으로 대중을 설득할 수 있는 사람이기 때문이다. 경쟁을 폐기하는 것이 아닌 반칙하지 않는 공정한 경쟁에 대한 열망이, '반칙하지 않는 삶'을 살아온 안철수의 입에서 나오는 '공정한 경쟁에 대한 주문'에 환호하게 만든 것이다. 그러한 관점에서 본다면 '나쁜 이명박'을 대신할 사람으로 안철수만큼 맞춤한 사람은 없는 것이 사실이다. 그러나 우리가 안고 있는 사회 전반의 문제들이 '착한 사장님' 안철수의 등장으로 씻은 듯이 해결되는 것은 아닌 이상, 그가 던지고 있는 화두를 차근히 곱씹어볼 필요가 있다. 그것이 안철수가 본인의 입으로 뭐라 말을 꺼내기도 전에 대선후보로까지 떠밀려가고 있는 이 기이한 현상 앞에서, 지난 15년 동안 누려온 '닮고 싶은 롤모델'에서 '따르고 싶은 리더'로 진화하고 있는 안철수에 대한 새로운 기대 앞에서 우리가 할 일인 것이다.

단행본

김상훈, 《컴퓨터 의사 안철수 네 꿈에 미쳐라》, 미래를소유한사람들, 2007

김옥림, 《호기심 대장 안철수》, 문이당어린이, 2011

김태형, 《불안증폭사회》, 위즈덤하우스, 2010

김택환, 《안철수는 바람개비》, 커뮤니케이션북스, 2011

민경우 · 김유진 · 강형구, 《대한민국은 안철수에게 무엇을 바라는가》,
　　　　열다섯의공감, 2011

바버라 에런라이크, 전미영 옮김, 《긍정의 배신》, 부키, 2011

안철수, 《기업가적 사고방식》, 북리슨, 2010

＿＿＿, 《CEO 안철수, 영혼이 있는 승부》, 김영사, 2001

＿＿＿, 《CEO 안철수, 지금 우리에게 필요한 것은》, 김영사, 2004

＿＿＿, 《행복 바이러스 안철수》, 리젬, 2009

안철수연구소 사람들, 《세상에서 가장 안전한 이름 안철수연구소》, 김영사, 2010

우석훈 · 박권일, 《88만원 세대》, 레디앙, 2007

이계안, 《누가 칼레의 시민이 될 것인가?》, 위즈덤하우스, 2009

전병호, 《호기심 소년 안철수 창의적 리더가 되다》, 청어람미디어, 2010

최효찬, 《안철수의 착한 성공》, 비전코리아, 2011

한윤형 · 이재훈 · 김완 · 김민하, 《안철수 밀어서 잠금해제》, 메디치미디어, 2011

칼럼 및 기사

김남중, 「안철수 교수의 아내 김미경 카이스트 교수」, 〈국민일보〉, 2008. 9. 10

김다슬, 「근로연령대 가구주 12%가 빈곤층」, 〈경향신문〉, 2011. 8. 17

김덕준, 「부산 사람 안철수를 만나다」, 〈부산일보〉, 2008. 7. 3

김동춘, 「'안철수 현상'을 보는 눈」, 〈창비주간논평〉, 2011. 9. 14

김동현, 「MB 찍었던 수도권 자영업자들 "후회막급"」, 〈뷰스앤뉴스〉, 2011. 8. 11

김민경, 「'구글 vs 페이스북' 누가 돈 더 벌었을까?」, 〈매일경제〉, 2011. 1. 6

김봉규, 「〈뉴욕타임스〉 "안철수는 MB · 이건희와 다르다" 집중조명」,
　　　〈프레시안〉, 2011. 11. 15

김상진 · 유미혜, 「50 넘긴 아들, 내가 대선 출마 말린다고 될 일 아니다」,
　　　〈중앙일보〉 2011. 9. 9

김세구 · 박경은, 「지방대 순회강연서 만난 '컴퓨터 의사' 안철수 '시골 의사' 박경철」,
　　　〈경향신문〉, 2011. 4. 28

김외현, 「안철수 "연구소 보유 지분 절반 사회에 환원"」, 〈한겨레〉, 2011. 11. 14

김우성, 「젊은이들에게 가장 존경받는 안철수 교수가 대한민국에 던지는 고언 (상)」,
　　　〈인터뷰 365〉, 2011. 4. 4

＿＿＿, 「젊은이들에게 가장 존경받는 안철수 교수가 대한민국에 던지는 고언 (하)」,
　　　〈인터뷰 365〉, 2011. 4. 8

김윤덕, 「'안철수의 아내' 김미경 교수」, 〈조선일보〉, 2011. 8. 21

김재섭, 「안철수 사장 경영일선 물러나」, 〈한겨레〉, 2005. 3. 18

김종효, 「안철수 부친 안영모씨, 50세 넘어 전문의시험 합격
　　　'안철수 도전정신 이유있네'」, 〈뉴스엔〉, 2011. 9. 9

김지현 · 박훈상, 「서울 "기성 정치 신물난다" 새로운 정치 열망」,
　　　〈동아일보〉, 2011. 11. 11

김혜원, 「강만수 "환율효과 빼면 삼성電 최대 적자"」, 〈아시아경제〉, 2009. 10. 13

동성혜, 「박근혜–안철수 대선 지지율 1위 혼전」, 〈데일리안〉, 2011. 9.

문강형준, 「안철수, 혹은 탈정치 시대의 판타지」, 〈문화과학〉, 2011년 겨울호

박성호, 「한국경제 고비 때마다 이건희 '신경영'」, 〈아시아경제〉, 2010. 5. 18

박신영, 「비즈니스 프렌들리 기조 흔들려…포퓰리즘 남발 우려도」,
　　　〈한국경제〉, 2011. 2. 20

박유리, 「안철수씨 부친 안영모 원장 부산 범천의원 48년 이야기」,
　　　〈국민일보〉, 2011. 9. 22

박의래, 「우리나라 삶의 질 39개국 중 27위…분배 성적 크게 하락」,
　　　　〈조선비즈〉, 2011. 8. 21
방정환, 「안철수씨 부인 김미경씨, 의사에서 법률가로」, 〈매일경제〉, 2008. 1. 7
백강녕, 「안철수연구소 안철수 사장」, 〈주간조선〉, 2005. 2. 28
＿＿＿, 「안철수 "아무것도 모르고 경영한 10년, 아찔할 때 많아"」,
　　　　〈조선일보〉, 2006. 10. 4
서소정, 「안철수 "의사했으면 더 행복했을 것"」, 〈아이뉴스24〉, 2008. 7. 23
석진환, 「'상식과 실천' 안철수의 1인 혁명」, 〈한겨레〉, 2011. 11. 15
손봉석, 「안철수, 박근혜 전 대표에 지지율 15%p 앞서」,
　　　　〈경향신문〉, 2011. 11. 28
신동호, 「안철수 "기득권층, 정신 차리지 않으면 공멸"」, 〈주간경향〉, 2011. 8. 9
신충우, 「코스닥 황제주 등극한 안철수 사장」, 〈오마이뉴스〉, 2001. 9. 22
안진걸, 「누가 자영업자를 궁지로 내모나」, 〈주간경향〉, 2010. 12. 28
오원석, 「iOS5의 팥소, '아이클라우드'와 '아이튠즈 매치'」,
　　　　〈블로터닷넷〉, 2011. 10. 7
우은식, 「안철수 45.8% 박근혜 41.2%」, 〈뉴시스〉, 2011. 10. 28
＿＿＿, 「차기 대권주자 지지도 여론조사 살펴보니…」, 〈뉴시스〉, 2011. 11. 28
유슬기, 「안철수 아버지 안영모 원장, 부산 현지 인터뷰」, 〈여성조선〉, 2011. 10. 6
이승헌·홍수영·유성열, 「안철수 "무소속? 분명한 건 국민정서상
　　　　한나라당은 아니다"」, 〈동아일보〉, 2011. 9. 3
이승훈, 「안철수 "벤처노하우 전수할 CLO 되려 독하게 공부하죠"」,
　　　　〈매일경제〉, 2008. 2. 4
이창희, 「삼성電 '스마트 시티' 변신…구미사업장 명칭 변경」,
　　　　〈매일신문〉, 2011. 3. 4
이홍섭, 「삼성, 세계를 석권하다」, 〈매일신문〉, 2011. 9. 22
임원기·이승우·심성미·이현일·허란·강영연,
　　　　「'안철수 신드롬' 대해부 – '脫정치' 참신함, 화려한 스펙이 '安風' 일으켰다」,
　　　　〈한국경제〉, 2011. 9. 5
장성현·황희진·김봄이, 「뼈 빠지게 일해도 가난… 절망하는 '근로 빈곤층'」,

〈매일신문〉, 2011. 11. 7

장승규, 「웹 2.0 시대…수평적 리더십 길러야」, 〈한경비즈니스〉, 2010. 6. 9

장시형 · 조석근, 「안철수 "아이폰 인기 간과하면 엄청난 위기 맞을 수 있다"」,
　　　〈이코노미플러스〉, 2010. 3. 10

장윤선, 「안철수 교수 서울시장 출마 결심 임박」, 〈오마이뉴스〉, 2011. 9. 1

전우영, 「안철수, 기대를 저버려 신뢰를 얻다」, 〈이데일리〉, 2011. 11. 23

정선구, 「"파워엔 책임 따른다" 안철수 권력의지 … 스파이더맨 꿈꾸나」,
　　　〈중앙일보〉, 2011. 11. 16

정세라, 「자영업자들 45만 7천 명 사라졌다 벌써 '노무현 정부' 때의 3배 넘어」,
　　　〈한겨레〉, 2011. 2. 20

정진우, 「안철수 뒤엔 '위대한 아버지'가 있었다」, 〈머니투데이〉, 2009. 6. 19

조원일, 「안철수 "한 달만 지나도 다 잊혀질 것"」, 〈한국일보〉, 2011. 9. 15

최준석, 「분노한 20, 30대 내년 선거에 대거 몰릴 것」, 〈주간조선〉, 2011. 8. 1

최진주, 「상장사 年 영업이익 100조 시대 눈앞」, 〈한국일보〉, 2011. 4. 3

추인영, 「유종일 "MB노믹스는 시대착오적…신뢰회복 안 하면 큰일"」,
　　　〈뉴시스〉, 2008. 8. 28

허만섭, 「컴퓨터(SNA)로 밝혀낸 안철수의 속마음」, 〈신동아〉, 2011. 10. 1

황경상, 「기업사회를 대표하는 리더십 '착한 이명박'을 갈구하고 있다」,
　　　〈경향신문〉, 2011. 9. 19

공공기관 간행물

교육인적자원부, 〈미래의 직업세계〉, 2007

김주섭, 〈공정한 노사관계 형성을 위한 노동정책 방향〉, 한국노동연구원, 2011

이인재, 〈고용위기와 노동시장의 구조개혁〉, 한국경제포럼 제2집 제2호

최용환 · 황상연 · 김을식, 〈대학진학률 80%의 허와 실〉, 경기개발연구원, 2011

통계청, 〈연령별 경제활동상태〉, 2011

통계청, 〈한국의 사회지표〉, 2009

한국개발연구원, 〈한국경제 구조변화와 고용창출〉, 2004

한국교육개발원, 〈대학(교) 진학률〉, 2008

방송 프로그램

〈나는 꼼수다〉, 딴지라디오 팟캐스트, 2011. 11. 7
〈100분 토론〉, MBC, 2011. 11. 17
〈백지연의 피플INSIDE〉, tvN, 2010. 6. 14
〈시사자키 정관용입니다〉, CBS라디오, 2011. 5. 9
〈MBC스페셜〉, MBC, 2011. 1. 28
〈황금어장〉, MBC, 2009. 6. 17

세상을 내 편으로 만든 사람,
안철수

ⓒ 윤단우 2012

1판 1쇄 펴낸날 | 2012년 2월 2일

지은이 | 윤단우
펴낸이 | 서재근

펴낸곳 | 더공감
등록번호 | 제395-2011-000111호
등록일자 | 2011년 6월 28일
주소 | (411-440) 경기도 고양시 일산서구 가좌동 540-22
전화 | 031-912-2028
팩스 | 031-912-2019
이메일 | thegonggam@naver.com

값 13,000원
ISBN 978-89-966827-2-1(13300)

＊파본은 바꾸어 드립니다.